Doris Zölls

Disziplin als Anfang

DORIS ZÖLLS

DISZIPLIN ALS ANFANG

Der Zen-Weg zur Liebe

KÖSEL

MIX
Papier | Fördert gute Waldnutzung
FSC® C014496

Penguin Random House Verlagsgruppe FSC® N001967

3. Auflage 2023

Neumarkter Str. 28, 81673 München
Umschlag: Weiss Werkstatt, München
Umschlagmotiv: © gettyimages / Trineette Reed
Ochsenbilder: *Looking for the Ox* von Tenshō Shūbun,
https://commons.wikimedia.org
Satz: Greiner & Reichel, Köln
Druck und Bindung: GGP Media GmbH, Pößneck
Printed in Germany
ISBN 978-3-466-37199-0

www.koesel.de

INHALT

DISZIPLIN ÜBEN HEISST LERNEN UND VERSTEHEN

Wach auf, sagt Zen, erfahre dein Denken, Fühlen und Handeln als leer und substanzlos. Nur so verlieren sie ihre Macht über uns.

Diese Wachheit will geübt sein. Sie ist zwar nicht eine Fähigkeit, die wir uns von außen her aneignen müssten. Uns ist allen der Bodhisattvageist, der Geist des Erwachens, zu eigen. Bei den meisten von uns ist er jedoch verschüttet. Ihn freizulegen, bedarf der Disziplin, die sich als Durchhaltevermögen, Mut und Kraft zeigt.

DISZIPLIN NEU VERSTANDEN

Über Disziplin spricht man heute wenig, es hat einen sehr negativen Beigeschmack. Sie wird als Unterdrückung, als Gängelei angesehen, als Fremdbestimmung, Gehorsam, als eine Unterordnung unter eine Autorität oder Regeln, die freiwillig geschehen kann, doch meist erzwungen wird. Unter Disziplin fällt auch die Selbstdisziplin, die als Selbstbeherrschung verstanden wird, als ein kontrolliertes Verhalten, das große Anstrengung erfordert, um seine angestrebten Ziele erreichen zu können. In beiden Bedeutungen klingt ein sehr negativer Zug mit. Schon die Worte Beherrschung oder Gehorsam lassen uns an Unfreiheit und Zwang denken, die den Menschen in seiner Entfaltung eher behindern als fördern.

Ich möchte der Disziplin gerne einen neuen Stellenwert geben.

Für mich war und ist Disziplin eine große Hilfe, gesund und zufrieden durchs Leben zu gehen.

Ursprünglich kommt das Wort Disziplin von dem lateinischen Wort disciplina und wird mit Lehre oder Schule übersetzt. Sowohl eine Lehre wie die Schule gehen meines Erachtens nicht zwangsweise mit Beherrschung und Unterordnung einher. Schule kann ein Ort sein, an dem wir die Möglichkeit haben, für unser Leben zu lernen, wo wir Wissen über das Leben vermittelt bekommen. Geht es bei Disziplin um die Lehre des Lebens kann das ganze Leben für uns eine Schule, ein Feld des Lernens und Verstehens sein. Dass Menschen in der Geschichte Machtstrukturen aufgebaut haben und es noch immer machen, mit denen sie andere beherrschen oder willkürlich Gehorsam einfordern und dies dann mit Disziplin beschreiben, ist meines Erachtens eine Fehlinterpretation des Wortes Disziplin. Mich vom Leben inspirieren und schulen zu lassen, mich den Gesetzen des Lebens zu stellen und ihnen gerecht zu werden, ist für mich Disziplin. Dazu gehört, dass ich das Leben beobachte, es erkunde, hineinspüre, was es von mir fordert, damit ich glücklich und zufrieden sein kann. Selbstdisziplin hat für mich daher nichts damit zu tun, mich selbst zu knechten und zu kontrollieren. Selbstdisziplin ist für mich: mich ganzheitlich, sprich mit Körper, Geist und Seele in den Dienst des Lebens zu stellen, dem Leben gerecht zu werden. Dass dies meinem Trägheitsprinzip und meinen Trieben oft entgegensteht, ist ganz natürlich. Doch gerade durch Selbstdisziplin ist es möglich, diesem »inneren Schweinehund« nicht das Feld zu überlassen, der mich und meine Mitmenschen stets frustriert und unzufrieden zurücklässt, wenn wir ihm gefolgt sind.

Ich möchte aus meinem persönlichen Leben dafür ein Beispiel geben:

Ich hatte schon in jungen Jahren körperliche Beschwerden,

die von mir täglich Körperübungen verlangten. Ließ ich sie weg, tauchten sehr schnell wieder Schmerzen auf. Mein Körper, mein Leben gaben mir die Aufgabe auf, täglich zu üben. Freunde und Geschwister bemitleideten mich, dass ich jeden Tag die Kraft und das Durchhaltevermögen aufbringen musste, zu üben und mich nicht einfach mal gehen lassen zu können. Heute nach fast 50 Jahren klagen sie, dass sie nicht so selbstdiszipliniert waren, für ihren Körper mehr zu tun.

Natürlich gab es Zeiten, wo es mir schwerfiel, meine Übungen auszuführen, doch die bevorstehenden Schmerzen waren für mich die Motivation, zu üben. Die Schmerzen haben mich beherrscht, nicht die tägliche Praxis, sie gaben mir Mut, Ausdauer und Kraft.

KRAFT AUS DER ÜBUNG

Wie oft jammern Erwachsene darüber, dass sie nicht die Kraft hatten, als Jugendliche ein Instrument zu erlernen. Ihnen hatte das Durchhaltevermögen gefehlt, was sie später sehr bereuten.

Es gibt eine breit angelegte Studie[1], die herausfand, dass Menschen, die in der Kindheit Selbstdisziplin erlernt haben, Gewissenhaftigkeit und Ausdauer entwickelten. Diese wiederum haben einen starken Einfluss auf spätere Erfolge, materiellen Wohlstand, Gesundheit und auch Zufriedenheit.

Es geht für mich nicht darum, mit einer regelmäßigen Übung wie Zazen Herrschaft auszuüben, weder über mich noch über andere, sondern es geht darum, die Kraft, die aus dieser Übung heraus entsteht, in den Vordergrund zu stellen. Sie ist die Motivation, sich in seinem Leben zu einer regelmäßigen Übung zu disziplinieren.

Im Zen werden wir Schüler des Lebens. Wir üben uns auf der

einen Seite, in die große Stille einzutauchen. Sie schenkt uns Zufriedenheit, wir können spüren, wie ein Glücksgefühl in uns aufsteigt, wir uns erfüllt und voll-kommen erfahren. Nur einen Zipfel dieser Stille zu erhaschen kann schon Motivation genug sein, die Praxis beständig aufrechtzuerhalten. Da sie unserem normalen, umherspringenden Geist jedoch so fremd und auch zuwider ist, braucht es unentwegt die Motivation, dranzubleiben. Ich habe bewusst das Wort Motivation gewählt, um aufzuzeigen, dass Disziplin keine Unterdrückung ist. Bei einer Sache zu bleiben ist befriedigend. Ständig abgelenkt zu sein macht unruhig und unzufrieden.

Schaue ich Kindern beim Spielen zu, erlebe ich immer wieder, wie gerne sie tätig sind. Sie sind so neugierig auf die Welt, wollen alles lernen, alles erkunden. Manche Kinder können so in ihr Spiel vertieft sein, dass sie nicht mehr aufhören können. Das Spiel trägt so viel Motivation in sich, dass sie ohne Schwierigkeiten die Disziplin aufbringen, das Spiel mit all seinen Anstrengungen zu Ende zu führen und es immer, immer wieder zu spielen. Würde man sie aus dem Spiel herausreißen und ihnen unentwegt ein anderes Spiel anbieten, was leider manche Erwachsene machen, da es für sie selbst schwer ist, länger bei einer Sache zu verweilen, wären diese Kinder unglücklich und unzufrieden. Normalerweise jedoch unterstützt man solche Kinder in ihrer anhaltenden Aufmerksamkeit und stört sie nicht. Manchen Kindern fehlt diese Kraft der anhaltenden Aufmerksamkeit. Dann wird man ihnen durch Motivation helfen, ihre Aufmerksamkeit zu steigern, damit sie nicht von einer Sache zur anderen springen und unzufrieden sind. Wir unterstützen sie, Ausdauer und Durchhaltevermögen aufzubauen, da wir erleben, dass sie damit zufriedener und erfüllter sind.

Es geht bei Selbstdisziplin um die Fähigkeit, seine Aufmerksamkeit nicht unentwegt umherschweifen zu lassen, sondern bewusst bei einer Sache bleiben zu können. Diese Kraft brauchen wir auch im Umgang mit unseren Trieben. Ihnen nachzugeben und sie auszuleben, schadet uns und unseren Mitmenschen. Sie in eine kreative Kraft umzuwandeln bedarf der Disziplin, um von ihnen nicht beherrscht zu werden.

AUF DAS LEBEN HÖREN

Disziplin ist weder blinder Gehorsam noch rücksichtslose Beherrschung. Sie ist ein Hören auf das, was das Leben für uns bereithält, und sich davon nicht ständig abbringen zu lassen. Sie ist die Kraft, bei einer Sache zu bleiben. Natürlich erfordert dies eine stabile Aufmerksamkeit, die wir üben müssen. Unser Geist rutscht lieber unentwegt ins Unbewusste. Disziplin ist, sich wachzurütteln, was manchmal als anstrengend erlebt wird, doch Anstrengung ist nicht negativ. Jeder, der einen Berg besteigen will, nimmt diese Anstrengung gerne auf sich. Manchmal ist die Anforderung groß und dann darf man nicht verzagen und aufgeben. Natürlich kostet dies Überwindung, denn die Unbewusstheit und Trägheit, der Wunsch, es bequem zu haben, seinen Begierden nachzugehen, zerren an uns. Spüren wir jedoch in den Moment hinein, wie enttäuscht wir sind, wenn wir dem nachgegeben haben, sind sie es, die uns beherrschen, und nicht Disziplin, die uns Kraft gibt. Blinder Gehorsam ist, an seine Geistesgifte[2] gefesselt zu sein, sie beherrschen uns. Disziplin dagegen befreit uns von ihnen, sie lehrt uns das Leben.

Als Kind war ich oft und gerne Schlittenfahren. Wir fuhren so lange, bis es fast dunkel war. Jetzt mussten wir noch nach Hause laufen, wir waren völlig erschöpft. Während wir Schlitten fuhren, hatten wir es nicht gemerkt, aber jetzt beim Nachhauseweg war jeder Schritt mühsam. Am liebsten hätte man sich in den nächsten Schneehaufen fallen lassen und wäre dort selig eingeschlafen. Man wusste genau, dieser Wunsch ist Irrsinn, und so brachten wir die letzten Kräfte auf, uns nach Hause zu schleppen. Die Disziplin rettete uns das Leben.

Es gibt so viele Situationen, in denen wir unserem widerstrebenden Geist gerne folgen würden, das Wissen jedoch, wohin es führt, hält einen ab. Zen zeigt uns auf, wohin es führt, wenn wir unseren zweifelnden und vergleichenden Gedanken folgen, wie wir uns verlieren, wenn wir diesem Ego nachgeben, das uns unentwegt einflüstert, sich in den Schneehaufen fallen zu lassen.

Das Leben kennenzulernen, zu erkennen, dass es nicht vorhat, uns zu quälen, sondern uns die Fähigkeit mitgegeben hat, zufrieden und glücklich zu sein, ist Motivation und gibt mir die Kraft, auch gegen meine Trägheit, meine Wut, meine Gier, meinen Stolz, meinen Neid und meine Unzufriedenheit anzugehen. Sie alle entschlüpfen der Unwissenheit über das Leben.

Diese Unkenntnis kann ich nicht durch andere Denkmodelle austauschen. Was Leben ist, muss ich ganzheitlich erfahren, damit es trägt, auch in schwierigen Situationen. In die Stromschnellen des Lebens zu springen und sie mit aller Kraft zu durchschwimmen ist Zen. Die Erfahrung, nicht unterzugehen, lehrt mich das Leben. Dafür braucht es Ausdauer, Durchhaltevermögen, Kraft und Mut, es bedarf der Disziplin. Sie ist wie das Schwimmen, das mir hilft, über Wasser zu bleiben, sie hilft mir, die Wellen des Lebens zu reiten.

Anhand der Zehn Ochsenbilder möchte ich dieses Wellenreiten des Lebens vorstellen. Sie beschreiben die Praxis des Zen-Weges.

In diesem Buch soll es jedoch neben der Disziplin auch um Liebe gehen. Liebe als die Erfüllung des Menschen, als Dynamik des Lebens. In den Ochsenbildern wird immer davon gesprochen, dass wir nach dem Sinn des Lebens fragen, uns selbst, unser wahres Wesen suchen, das uns zufrieden sein lässt. Das Finden meiner wahren Natur ist das Erleben, nach Hause gekommen zu sein. Anders ausgedrückt ist es die tiefe Einsicht, ganz und gar geborgen zu sein in der Welt, wo es immer wieder Ablehnung und Ausgrenzung gibt. Es ist die Erfahrung, geliebt, gesehen und angenommen zu sein. Rainer Maria Rilke hat über die Liebe geschrieben:

> »Es gibt nur die Liebe. Die Leute haben, wie so vieles andere, auch die Stellung der Liebe im Leben missverstanden, sie haben sie zu Spiel und Vergnügen gemacht, weil sie meinten, dass Spiel und Vergnügen seliger denn Arbeit sei; es gibt aber nichts Glücklicheres als die Arbeit, und Liebe, gerade weil sie das äußerste Glück ist, kann nichts anderes als Arbeit sein. Wer also liebt, der muss versuchen, sich zu benehmen, als ob er eine große Arbeit hätte: er muss viel allein sein und in sich gehen und sich zusammenfassen und sich festhalten; er muss arbeiten; er muss etwas werden.«

Diese Zeilen lassen die beiden Aspekte, die im Titel dieses Buches erst einmal als Gegensätze erscheinen, nämlich Disziplin und Liebe, zusammenwachsen. Liebe, obwohl wir sie als unser ureigenstes Wesen erfahren können, ist uns vielfach so fern, erscheint uns unerreichbar, und wie oft bleibt sie unerfüllt. Wenn Rilke davon spricht, dass es Arbeit braucht, sie zu entfalten, drückt er genau das aus, was unser Gedichtzyklus als den Weg zu sich selbst aufzeigt. Sich selbst verloren zu haben, mündet in die Verzweiflung an sich selbst. Wie sollte ich mich annehmen, mich selbst lieben können, ohne an meiner Unzulänglichkeit zu scheitern? Erst durch die Liebe zu sich selbst, durch die Hingabe an das Leben, kann sich die Liebe zu allen anderen Wesen gestalten. Im Zen wird viel von der radikalen Akzeptanz gesprochen, die wir allen Wesen gegenüber entfalten sollen. Diese Annahme ist kein neutrales Gefühl. Wir erleben sie als eine tiefe Empfindung von Verstehen, als Vergebung, als eine tiefe Liebe. Liebe umfasst Mitfühlen, sie verbindet Getrenntes, versteht Unfassbares. Sie geht über Mögen und Nicht-Mögen weit hinaus. Sie ist die radikale Akzeptanz, sie ist das Durchschneiden aller Gegensätze, sie unterscheidet nicht und trennt nicht, baut nirgendwo eine Grenze auf. Sie gibt sich jedem Augenblick hin und birgt in sich Segen und Glück für alle Wesen. Liebe ist unser wahres Selbst. Und doch wissen wir nicht, was Liebe ist. Sie hat unendliche Seiten. Sie ist nie das, was wir glauben, was sie sein soll. Sie ist frei von meinen Vorstellungen. Mir erzählte einst eine Mutter, deren Tochter heroinsüchtig war, was sie auf diesem Weg durchgemacht hatte. Die Beratungsstelle sagte ihr, sie dürfe ihr Kind nie wieder bei sich aufnehmen. Eines Tages, es war Winter, stand ihr Kind vor der Tür, blau gefroren in einem Sommerkleid und bat: »Bitte, Mutter, nimm mich auf.« Sie schloss die Tür. Sie sah aus dem Fenster und sah ihr Kind im Schneetreiben. Die Mutter beschrieb ihr Erleben als inneren Tod. Die Tochter machte nach diesem Ereignis eine Therapie und konnte genesen. Dieser Akt der Liebe der Mutter war ganz und gar kein erhebendes Gefühl, keine Romanze, keine Absicht. Ihre Liebe zeigte sich im Sterben ihrer selbst, im Sterben all ihrer Muttergefühle. Wir wissen auch nicht, ob dies immer der rechte Weg ist, wir wissen so wenig, was die Liebe von uns in einem Moment fordert, denn Liebe hat weder mit Gefühl noch mit Verstand zu tun. Liebe ist die radikale Hingabe an das, was das Leben gerade in mir lebt, ohne zu wissen, ob ich gewinne oder verliere, ob ich lebe oder sterbe.

Die Ochsenbilder führen uns auf diesen Weg, zeigen uns, welche Schritte dafür notwendig sind, welche Hürden und Gefahren wir auf uns nehmen sollten, ohne vorzuschreiben, was wir tun müssen. Sie zeigen den Weg, uns der Offenheit des Lebens hinzugeben, ohne zu wissen, wohin unser Weg geht.

DIE ZEN-GESCHICHTE VOM OCHSEN UND SEINEM HIRTEN

Die Ochsenbilder, die mir in diesem Buch als Grundlage dienen, um den Zen-Weg darzustellen, gehen auf Meister Kuoan Shyuan zurück und entstanden etwa um 1150. Auch wenn das Original verschollen ist, finden sich die Bilder mit ihren Gedichten in den unterschiedlichsten Versionen heute wieder. Zu den beliebtesten Ausführungen in Japan zählen die Drucke des Hanga-Holzschneider Tokuriki Tomikichiro (1902–1999). Im Westen wurde die Übersetzung von D. T. Suzuki berühmt, die mit Illustrationen des Priesters Shubun aus dem 15. Jahrhundert versehen sind.

DIE SUCHE NACH DEM SINN DES LEBENS

Die Bilder, entlehnt aus der Natur und der bäuerlichen Umgebung, beschreiben den spirituellen Weg eines Zen-Schülers. Doch wonach sucht ein Zen-Schüler, was will er erreichen? Er will erkennen, wer er wirklich ist und welchen Sinn sein Leben hat. In der ganzen Menschheitsgeschichte ging es immer um diese Fragen: Warum sind wir Menschen hier auf Erden, welchen Sinn hat unser Leben angesichts der wenigen Jahre, die wir hier auf dieser Welt verbringen? Dabei spielte immer das Verhältnis von Geistigem und Materiellem die entscheidende Rolle. Im Zen wird dieses Verhältnis mit Leere und Form beschrieben. Erleben wir Menschen die Einheit von Form und Leere, die Einheit von Unendlichem und Endlichem, erfahren wir dies als die große Befreiung. So ist es die große Sehnsucht im Zen, diese Einheit zu erkennen.

In den Ochsenbildern wird nun diese Suche nach der Einheit von Form und Leere beschrieben. Es wird davon erzählt, dass ein Hirte sich aufmacht, die Leere, seinen Ochsen, zu finden. Da das Geistige keine Substanz hat und keine eigenständige Entität besitzt, ist das Unterfangen, es zu finden, eine riesige Herausforderung für uns Menschen. Uns bleibt ja nur das Materielle, wo wir suchen können, und das erscheint unserem äußeren Auge so widersprüchlich. So muss der Hirte sich ganz und gar auf das Leben mit all seinen Formen einlassen, um darin das wahre Sein zu erfahren. Erkennen wir dieses wahre Sein in seiner konkreten Form, wird dies im Zen als Erwachen bezeichnet. In dem Moment stehen sich Materielles und Geistiges nicht mehr gegenüber, sondern das Materielle, die Form, wird als Vollzug des Geistigen, der Leere, erlebt.

Dabei geht es immer um ein Erleben, nicht um ein Denken. Ein Erleben verändert uns zutiefst. Es gibt uns ein Wissen, das wirklich ganzheitlich in uns wirkt. Es verwandelt unsere ganze Daseinsweise. In dem Erleben der Einheit von Form und Leere löst sich mein isoliertes Ich auf. Es wird ebenso als eine vergängliche Form, in der sich die Leere ausdrückt, erkannt, vergleichbar den Wolken am Himmel. Das Kriterium dafür, ob wir wirklich diese Einheit erleben und nicht nur denken, zeigt sich darin, wie wir in der Welt stehen. Im Erleben der Einheit wird in uns eine Energie freigesetzt, die bestimmt ist von Mitgefühl, von Liebe und Ehrfurcht. Achtsamkeit erfasst unser Handeln und eine tiefe Einsicht in die Zusammenhänge der Welt.

EINHEIT IM AUGENBLICK

Da das Geistige, sprich die Leere, sich in allen Formen ausdrückt, die Form sich jedoch als instabil, ja im Grunde genommen als nicht existent erweist – hätten wir Augen, die Atome sehen könnten, wäre dies für uns ganz selbstverständlich –, ist die Leere die wahre Natur allen Seins. Der Ochse steht daher nicht nur für die Leere, er ist auch das Bild für das wahre selbst alles Seins und damit für unsere eigene wahre Natur. Der Hirte steht für uns Menschen, der sein wahres Selbst scheinbar verloren hat. Die Ochsenbilder schildern die Suche des Hirten nach sich selbst und das Finden seiner wahren Natur. Dieses Selbst ist jedoch nichts Festes, es hat keine Substanz, keine eigenständige Entität. In vielen Gedichten wird es als Mond dargestellt, der sich in allen Wassern spiegelt, doch nicht zu fassen ist. Dieses Selbst ist der unendliche, alles umfassende Geist. Er lässt sich immer nur im Augenblick erleben. Er kann nicht gedacht, nicht definiert werden und doch ist er in allem zu erfahren. Sogar unser kleiner verwirrter Geist, der uns vorgaukelt, getrennt, verlassen und einsam zu sein, entpuppt sich als ein Ausdruck dieses einen Selbst. Erliegen wir dem Gefühl, getrennt von diesem Einen Sein zu sein, sind wir verstrickt in Illusionen.

Die Ochsenbilder spiegeln den Weg aus diesen Illusionen. Auf den ersten Blick erscheinen sie wie ein Stufenweg. Beginnend mit der Verzweiflung darüber, sich selbst verloren zu haben, und dem schrittweisen Wiederfinden seines wahren Selbst. Dieser Eindruck täuscht. Die Bilder sind nicht linear zu verstehen, ausgehend von einem Anfang bis hin zu einem Endpunkt, anhand derer man ablesen kann, auf welcher Stufe man gerade auf seinem spirituellen Weg steht. Unsere wahre Natur, dieser allumfassende Geist, ist immer schon vollkommen da, er kann nicht erarbeitet werden. Jedes Bild zeigt daher eine bestimmte Perspektive dieses Selbst, als Verstrickung, als Kampf, als ein Sich-Finden, als Erwachen. Als großes Erwachen wird im Zen diese Erfahrung bezeichnet, die uns alles als Eines erkennen lässt, nichts voneinander getrennt. Dieses Erleben kann nicht gedacht, geschweige denn beschrieben werden. Worte sind ja selbst ein Ausdruck dieses Selbst. Sie können ein Erleben beschreiben, es jedoch nie erfassen. Sich an einem Feuer zu brennen ist ein Erleben, das auch mit den eindrucksvollsten Worten nicht beschrieben werden kann. Ein Erleben verändert uns auch zutiefst. Es gibt uns ein Wissen, das wirklich ganzheitlich in uns lebt. So ist auch die Erfahrung dieses wahren Selbst nicht nur ein neuer Gedanke, mit dem ich jetzt die Welt betrachte, sondern sie verwandelt unser Leben. Durch dieses Erleben der Einheit löst sich mein isoliertes Ich auf, ich werde mit allem eins. Das Kriterium, dass wir dieses Einssein wirklich erlebt haben und nicht nur denken, zeigt sich in einem großen Verständnis der Welt. Mitgefühl erfasst uns, Liebe und Ehrfurcht erfüllen uns, unser Handeln ist durchdrungen von Achtsamkeit und tiefer Einsicht.

Die Ochsenbilder zeugen davon, dass ihr Autor die Verzweiflung kannte, sich im Leben verirrt zu haben, er wusste von der brennenden Sehnsucht nach Glück und der Erfüllung seines Lebens. Er durchlebte die Schwierigkeiten und den Schmerz auf der Suche danach. Immer und immer wieder erfuhr er, wie er im Außen in all den unendlich vielen Ablenkungen die Befriedigung suchte, begierig nach Glück. Gleichzeitig wurde er auch unentwegt von der Vergänglichkeit seiner Begehrlichkeiten enttäuscht. Die Heftigkeit seiner Gefühle darüber, die Wut und der Zorn rissen ihn entzwei. Er wurde von Sorgen und Ängsten geplagt. Er spürte, wie schnell er von seinen Illusionen umgarnt, wie er in sie verstrickt war und wie sie ihn zu ersticken drohten. So machte er sich auf den Weg. Er merkte schon bald: Solange er im Außen sucht, wird er zu keinem Ende kommen. Auf die Dinge da draußen kann er nicht bauen, sie sind zu unzuverlässig. Sein Weg führt in sein Inneres, führt ihn in sein Herz.

So wie Meister Gantô dies seinem Mitbruder Seppô bei einem Ausflug klarmachte.

Beide waren Schüler des berühmten Meister Tokusan und lebten im 9. Jahrhundert im Alten China.

Eines Tages waren Gantô und Seppô unterwegs, als sie von einem Schneesturm überrascht wurden. Sie fanden in der Berghütte Gôzanten Unterschlupf und wurden dort eingeschneit, sodass sie einige Tage in der Hütte verbringen mussten. Während dieser Zeit des Wartens gab sich Seppô eifrig von morgens bis abends der Zazen-Übung hin. Gantô hingegen streckte sich entspannt auf dem Lager aus und schlief die meiste Zeit des Tages. Er sagte zu sich: »Wenn ich einfach meine Füße auf dem Lager ausstrecke und nichts anderes mache wie schlafen, gibt es weder Wahrheit noch Falschheit.« Als er sah, wie Seppô den ganzen Tag Zazen praktizierte, sagte er zu ihm: »Du siehst aus wie eine Buddhastatue am Stadtrand. Was machst du da eigentlich?« Seppô entgegnete: »Trotz meiner großen Anstrengungen öffnet sich mein Herz-Geist nicht. Mir bleibt gar nichts anderes übrig, als Zazen zu üben.«

Gantô meinte daraufhin: »Erzähle mir einmal, welche Erfahrungen du bisher gemacht hast und was du davon verstanden hast! Ich will es für dich prüfen.«

Seppô begann zu erzählen, wie er bei verschiedenen Meistern Zazen geübt habe und manchen Geistesblitz und auch innerlich stille Zeiten hatte. Zudem sei er bei diesen oder jenen Worten besonders ergriffen gewesen. Darauf sagte Gantô: »Hast du nie gehört, dass alles, was von außen hereinkommt, nicht der Hausschatz sein kann! Deine Erfahrung muss direkt aus deinem eigenen Herzen her kommen und das ganze Universum erfüllen. All dieses angesammelte Zeug ist nichts als Müll.« Seppô erlangte bei diesen Worten Erleuchtung, heißt es, und rief aus: »Heute hat Gôzanten den Weg erreicht.«

Dieser Ruf ist großartig, Gôzanten, die Hütte, die sie festhielt, ist auf einmal der vollkommene Ort, nicht mehr ein Ort, an dem sie auf besseres Wetter warten, nein, Gôzanten war in dem Moment der Sinn seines Lebens. Einfach da zu sein, nichts mehr zu wollen, offenbarte ihm sein wahres Wesen.

Nur mit dem Herzen können wir die Dinge wirklich sehen,

sagte Meister Ryokan. Es ist keine intellektuelle Erkenntnis, kein Verstehen mit dem Verstand. Es ist ein Erleben, das sich als Befreiung zeigt. Zazen ist die Übung, diesen Herzgeist zu entfalten. Es führt uns ins Erleben dessen, was gerade ist. Solange wir glauben, wir könnten im Außen unseren Sinn des Lebens finden, und meinen, wenn ich nur den richtigen Partner oder die passende Partnerin hätte, dann wäre alles gut, wenn ich Kinder hätte oder wenn ich Karriere mache, großes Ansehen genieße, dann könnte ich glücklich sein, solange uns solche Vorstellungen treiben, stecken wir in dem wuchernden Gras unserer Vorstellungen fest. Wir werden immer verzweifelt sein. Wie sollten wir in den vergänglichen Dingen einen bleibenden Sinn finden können?

Auf seinem Weg nach dem Sinn seines Lebens hatte der Dichter zutiefst erkannt, dass nichts im Außen ihm die Sinnfrage bleibend beantworten kann. Doch gerade durch diese Irrwege, die er gegangen ist, konnte er erleben, wie sich sein Geist wandelte, wie das Außen abfiel und der Blick auf sein Inneres gelenkt wurde. Damit durchströmte ihn Friede; von einem Moment auf den anderen änderte sich in ihm alles, alle Sorgen fielen von ihm ab und er konnte zufrieden und im Einklang mit sich und der Welt sein.

JEDER IST BEIDES – WILD UND GEZÄHMT

Diese Erfahrungen wollte er mit anderen teilen. Er kleidete sein Erleben in das Bild von einem Hirten, der seinen verloren gegangenen Ochsen sucht. Damit verglich er unseren Geist sowohl mit einem ungebändigten Ochsen als auch mit dem Hirten, der diesen wilden Ochsen fängt und zähmt. Beides, Ochse und Hirte, sind zwei Seiten des einen Geistes. In seiner Wildheit und gleichzeitig in seiner Zähmung erscheint er. Er offenbart sich als Hirte auf der Suche nach sich selbst, seinem Ochsen. Er ist Subjekt und Objekt der Suche zugleich. Wir sind Vollzug dieses Geistes. Dieser trägt alles in sich und zeigt sich in jedem Moment in unterschiedlichster Gestalt. Mit dem Geist ist nicht nur das Denken gemeint. Dieser Geist ist das Leben an sich, tut sich kund in Geburt und Tod, ist Wachsen und Vergehen. Er ist das alles umfassende Sein. So kann sich dieser Geist als Hirte zeigen, der sucht, und auf der anderen Seite als Ochse, der gesucht wird.

Damit sind Hirte und Ochse nicht getrennt, sie sind eins und zugleich unterschiedlich.

Mit unserem Alltagsgeist erleben wir dies ganz anders. Wir haben den Eindruck, der Ochse wäre von dem Hirten völlig verschieden und nicht nur das, oft sehen wir uns nur als Hirten, der sich in Sehnsucht nach sich selbst, seinem Ochsen, verzehrt. Doch der Ochse ist nicht erkennbar. Wie kann es geschehen, dass ein Hirte seinen Ochsen nicht sieht? Sind wir nicht wach genug dafür, was in uns vorgeht? Achten wir nicht auf das Leben? Oder ist die Weide, unser Leben, so weitläufig, dass sich unser wahres Sein darin verstecken kann?

WAS BEIM ENTDECKEN GESCHIEHT

Die Bilder malen diese unterschiedlichen Aspekte unseres Geistes nach. Der Dichter ruft uns mit ihnen ins Bewusstsein, uns auf die Suche nach dem Sinn unseres Lebens zu machen. Zu vertraut ist uns oftmals das Gefühl der Sinnlosigkeit, sodass wir es als das normale Lebensgefühl halten und es aufgegeben haben, nach unserem Glück Ausschau zu halten.

Der Dichter weist uns daher mit seinen Bildern den Weg, weckt uns auf, nicht weiter zu schlafen. Er ruft uns zu: »Nehmt die Suche nach euch selbst auf, gebt euch nicht zufrieden mit eurer Dumpfheit, sucht euer Glück und erkennt, wer ihr wirklich seid, welchen Sinn euer Leben hat!«

Hören Kinder Märchen, können sie meist tief in deren Bilder eintauchen, sie identifizieren sich mit allen Gestalten der Geschichte. Sie werden zum Geschehen des Märchens, sie sind Prinzen und Prinzessinnen, freuen sich, sind verzweifelt, haben Angst und werden schließlich erlöst. Als Erwachsene tun wir uns schwer, so unmittelbar in ein Erleben einzutauchen, doch es ist es wert, sich mit dem Hirten auf den Weg zu machen, seine Suche und sein Finden in uns lebendig werden zu lassen und vielleicht sogar unsere eigene Befreiung in ihnen zu erleben.

Bevor wir uns jedoch auf die Reise machen, der Wildnis Herr zu werden, den Wildwuchs unseres Geistes zu roden, die Kraft unseres Geistes zu bändigen und zu wandeln, müssen wir unseren Geist erst einmal entdecken. Es klingt verrückt, doch unser Geist, obwohl wir immer in ihm sind, ist nicht so leicht zu erkennen. Wir spüren zwar seine Auswirkungen, sind von ihm gefesselt, wenn er uns mit seinen zweifelnden Gedanken von himmelhoch jauchzend bis zum Tode betrübt, von Gier zu Neid, Wut und Rastlosigkeit treibt, aber der Geist selbst bleibt uns in den meisten Fällen verborgen.

Als eine junge Frau ihren Freundinnen erklären wollte, was sie bei der Meditation so mache, und sie meinte: »Ich versuche meine Gedanken zu beruhigen«, bemerkten die anderen ganz erstaunt, das bräuchten sie nicht, sie hätten nicht so viele Gedanken, dass man sie beruhigen müsse. Es ist schon schwer, seine Gedanken als Gedanken zu erkennen, noch schwerer ist es aber, seinen Geist in all seinen Ausdrucksformen wahrzunehmen. Wir sind mit seinen Formen so identifiziert, dass sie uns als die Wirklichkeit erscheinen, und erkennen nicht, wie sich der eine Geist

»nur« in den Gedanken äußert. Diese Identifikation mit den Wellen des Ozeans und nicht mit dem Ozean selbst, kreiert ein freies, selbstständiges Ich, das aus sich heraus denken, fühlen und handeln kann, wie es gerade will. Doch dem ist nicht so. Gedanken, Gefühle, Impulse zum Handeln steigen aus unserem Geist auf und der Ich-Gedanke, ich denke, ich fühle, ich handle, setzt sich so schnell darauf, dass der Eindruck entsteht, das Ich hätte als unabhängige Instanz einen Gedanken, ein Gefühl oder ein Tun frei geschaffen. Dadurch gibt es keine Distanz mehr zu ihnen. Ich bin sie und je nachdem, mit welchen Gedanken oder Gefühlen sich mein Ich identifiziert, leiden wir an ihnen, falls sie nicht mit meinen Vorstellungen übereinstimmen, oder wir leben in ihnen wie in einem Luftschloss. Aber egal ob leidend oder erhaben, diese Identifikationen tragen immer den Zweifel und die Angst mit sich, etwas stimme nicht. Neue Gedankenmuster hängen sich daran. Sehr häufig sind es die Gedanken: »Wenn ich anders wäre, dann wäre alles besser, wenn die anderen anders wären, fühlte ich mich wohler«, und Ähnliches. Der Gedankenstrom wirft unentwegt neue Vorstellungen auf. Sie ziehen uns immer tiefer und tiefer in den Strudel der zweifelnden Gedanken. Obwohl mein Ich sich als stark gebärdet, was es alles kann oder könnte, trägt es gleichzeitig in sich das Wissen und damit auch die Angst, das Leben nicht bewältigen zu können, ja sogar niemand zu sein. Diese unbewusste Angst führt einerseits in das Außen und gleichzeitig grenzt es sich unentwegt gegen das Außen ab und meint sich wehren zu müssen. Bei all diesen Verstrickungen erkennt es nicht, wie alle Verzweiflung in ihm selbst liegt.

Mit seinen Gedanken und Gefühlen identifiziert zu sein, sie als das wahre Ich zu halten, lässt die Wirklichkeit entschwinden. Wir fühlen uns entfremdet und verloren. Die Wunde der Einsamkeit klafft auf, wir erleben uns als getrennt, verlassen und ungeliebt. Dieses Alleinsein ist nicht nur ein Gefühl, wir erleben es ganzheitlich, Körper, Geist und Seele sind nicht voneinander getrennt. Leidet die Seele, leidet der Körper und der Geist und umgekehrt. Mein ganzes Sein ist von jedem schmerzvollen Gedanken durchdrungen, und kann an ihm regelrecht krank werden. Wir sind diesem Teufelskreis jedoch nicht ausgeliefert. Da dieses Ich »nur« eine Identifikation ist, hat es keine Substanz und weist somit eine sehr labile und fragile Struktur auf. Einmal ist es dies, das andere Mal jenes. Manchmal möchte es früh aufstehen, und wenn es so weit ist, sagt es: »Bleib doch liegen.« Bleibt man liegen, jammert es später: »Du hättest früher aufstehen sollen.« Dieses Ich zeigt sich stets in Unzufriedenheit, es möchte den Augenblick, so wie er gerade ist, nicht haben oder, wenn er schön ist, festhalten. Durch diese Struktur ist das Ich leicht zu entlarven, auch wenn es sich als machtvoll und wild gebärdet. Dieses Ich setzt der Dichter mit dem ungezähmten, wilden Ochsen gleich, der uns einmal hier und das andere Mal dorthin zieht.

Auch wenn wir die wahre Wirklichkeit aufgrund der Identifikationen unseres Ichs meist nicht erkennen, sie ist trotzdem da. Sie ist »nur« von unseren Vorstellungen, Wünschen und zwiespältigen Gedanken wie von Schlingpflanzen überwuchert. Diese flüstern uns ständig ein, so wie wir sind, so wie das Leben ist, passt nicht, wir müssten das wahre Leben erst finden. Jetzt geht es darum, ihnen nicht auf den Leim zu gehen. Das ist kein unmögliches Unterfangen, unser Geist hat auch andere Seiten. Er zeigt sich nicht nur, wenn er sich wie toll gebärdet. Gezähmt trägt er die große Kraft des Mitgefühls und der allumfassenden Liebe, der Dankbarkeit, der Stille, der Freiheit und Glückseligkeit in sich. Diese versteckten Seiten spüren wir unbewusst und sie wecken in uns die Sehnsucht, sie aufzudecken. So schickt der Geist sich an, sich auf die Suche nach sich selbst zu machen. Er wird zum Hirten und zum Ochsen.

Diese Suche erweist sich jedoch zu Beginn als nicht so einfach.

1. BILD – IM DICKICHT DER GEDANKEN

GETRIEBEN VON DER WILDEN SUCHE NACH IMMER MEHR

Die letzten Tage hatte es stark geregnet, nur zaghaft zeigte sich die Sonne. Jetzt aber brach sie mit all ihrer Kraft durch die bereits zerrissene Wolkendecke. Die Strahlen brannten auf der Haut. Schwüle machte sich breit, die Erde dampfte, genau das richtige Wetter für Pilze. Sie lieben das feuchtwarme Wetter. An solchen Tagen ist der Waldboden übersät von ihnen und man braucht sie nicht zu suchen, man darf sie einfach einsammeln. Frühmorgens zog er los. Er wollte sich diese Gelegenheit des Pilzesammelns nicht entgehen lassen. Kaum war er ein bisschen vom Weg ab in den Wald gegangen, sah er sie schon, diese kleinen Hütchen. Hier und da, dort drüben und noch weiter hinten. Überall waren sie herausgekommen. Das Herz juchzte. Es stimmte, heute war es kein Suchen, heute war es ein Einsammeln. Er war begeistert, der Beutel füllte sich. Er konnte kaum aufsehen, die Pilze zogen all seine Aufmerksamkeit auf sich. Wie im Rausch sammelte und sammelte er, konnte nicht genug bekommen. Doch irgendwann einmal waren alle Behältnisse voll, mehr ging wirklich nicht mehr. Jetzt konnte er stolz nach Hause gehen. Er schaute auf. Er war etwas weit vom Weg abgekommen, doch das machte nichts, er brauchte nur den Abdrücken seiner Füße folgen und entlang von ihnen zurückgehen. Das war jedoch nicht so leicht, wie er dachte, einmal führten die Spuren nach rechts, einmal nach links, dann wieder zurück und wieder nach vorne. Er ließ sich nicht beirren. Weit war er ja nicht gekommen. Aber der Weg wollte sich nicht zeigen. Er wurde etwas unsicher, schaute sich um. Der Wald gab ihm keine Hinweise. »Na, das wäre doch gelacht, ich finde allemal aus dem Wald hinaus!« Es erwies sich anders, immer tiefer drang er in den Wald, die Bäume standen dichter. Vom Wind bewegt, ächzten sie über ihm ein unheilvolles Lied. War der Wald ihm sonst so vertraut, wurde er jetzt immer unheimlicher, dunkler, undurchdringbarer. Er schien nirgendwo zu enden, kein Weg, keine Lichtung erhellte ihn. Angst stieg auf, der Atem wurde kürzer und schneller, die Schritte hastiger. Panik überfiel ihn. Jetzt irrte er umher ohne Rücksicht, wohin er ging. Blankes Entsetzen erfasste ihn, nichts anderes zählte mehr, als diesem Dickicht zu entkommen, sogar die Pilze störten. Er warf sie weg. Sie waren jetzt nicht mehr wichtig. Im Gegenteil, sie behinderten ihn bei der Suche nach dem Ausweg. Erst als der Nachmittag schon fortgeschritten war, tat sich endlich der Weg auf. Erleichtert, doch völlig erschöpft eilte er nach Hause. Raus aus dem Dunkel des Waldes, raus aus der Ausweglosigkeit, nach Hause.

DEM UNGEZÄHMTEN ANGSTMACHER BEGEGNEN

Verlassen in endloser Wildnis schreitet der Hirte
dahin durch wucherndes Gras und sucht seinen Ochsen.
Weit fließt der Fluss, fern ragen die Gebirge,
und immer tiefer ins Verwachsene läuft der Pfad.
Der Leib zu Tode erschöpft und verzweifelt das Herz.
Doch findet der suchende Hirt keine geleitende Richtung.
Im Dämmer des Abends hört er nur Zikaden auf dem
Ahorn singen.

Bereits mit dem ersten Bild holt der Dichter uns dort ab, wo wir uns meist tagtäglich befinden: gefangen im Gewirr unserer zwiespältigen Gedanken, getrieben von unseren Emotionen, gefesselt von Wut und Gier. Sie sind es, die uns alles, was das Leben für uns bereithält, zerreißen, klein- oder großreden, gut- oder schlechtmachen, bis wir so unsicher und verstört sind, dass wir uns nur noch in der Wildnis unserer Vorstellungen widerfinden ohne Aussicht auf einen Ausweg. Rastlosigkeit und Unzufriedenheit, Unbeherrschtheit und Sinnlosigkeit überkommen uns und besetzen unseren Geist. Sie erlangen ein Eigenleben, das wir nur noch schwer einfangen können. Als ob wir auf einem wild gewordenen Pferd reiten, dessen wir nicht mehr Herr werden und das uns dorthin treibt, wohin es will und nicht wohin wir wollen. In unserem Text ist es nicht ein Pferd, es ist ein Ochse und in vielen Abbildungen ist er als Wasserbüffel dargestellt. Er war damals, wie auch heute noch, auf dem Lande in China das Nutztier, mit dessen Hilfe die Bauern die Reisfelder bestellen. Seine Gestalt ist beeindruckend, seine Größe angsteinflößend, seine ausladenden Hörner bedrohlich. Er wird in dem Gedicht zum Symbol unseres Geistes, den es zu bändigen gilt. Kann ein solch gewaltiges Tier wirklich gezähmt werden, sodass seine Wildheit nicht mehr ausbricht und mich nicht in den Abgrund zerrt, sondern stattdessen ruhig und gemächlich den Pflug durch den Schlamm zieht? Kann ich wirklich meinen Geist so beherrschen, dass mein Wille nicht bricht und mir alle Lebensfreude verloren geht? Warum sollte ich überhaupt meinen Geist zähmen? Macht sein ungestümes Wesen mich nicht erst lebendig und kraftvoll? Bei näherem Hinsehen ist diese Lebendigkeit nur ein äußerer Schein. In Wirklichkeit zieht uns ein unbeherrschter Geist in Zweifel, türmt sich auf mit angstvollen und sorgenbesetzten Gedanken. Er bereitet uns schlaflose Nächte und statt uns Lösungen anzubieten, treibt er uns immer weiter in das Dickicht von Erregungen.

Wie finde ich aus diesem Dschungel meiner wirren Gedanken und Vorstellungen heraus? Wohin ich auch schaue, überall tauchen doch die Gedanken auf, wie hohes, dichtes Gras, das den Weg überwuchert, wie Morast, in dem ich stecken bleibe, so türmen sie sich in meinem Kopf auf. Es ist wirklich Leiden, in das uns der ungezähmte Geist treibt.

Buddha sagte einmal:

> »Das Denken schweift gern ab, entschwindet unserm
> Blick. Der Weise hütet es. Bewacht, bringt dieses Glück.
> Viel Schlimmeres als ein Feind dem Feind je angetan,
> tut dem das Denken an, der's nicht beherrschen kann.
> So Gutes können nicht die Eltern je dir schenken, auch
> die Verwandten nicht, wie gut beherrschtes Denken.«

Sosehr uns unser wirrer Geist in die Enge treibt, gleichzeitig ist er es auch, der mich auf den Weg schickt, mich von seinen Verwirrungen zu befreien.

So manchen lockt die Vorstellung: Wenn er Zazen praktiziere, werde er irgendwann diesem Dickicht entwachsen sein, und alle Not, in den Schlingpflanzen der Muster und irrigen Vorstellungen verwickelt zu sein, habe dann ein Ende.

Doch das erste Ochsenbild setzt dieser Illusion eine Grenze. Die Wildnis ist endlos, schreibt der Dichter. Damit will er nicht zu Resignation aufrufen. Es ist ein Weckruf, nicht zu glauben, sich ausruhen zu können, wenn es einmal still in einem geworden ist. Jeden Moment sollten wir auf der Hut sein vor der Wildheit des Geistes, damit die Verwirrungen einen nicht wieder einholen. Die Praxis der Achtsamkeit sollte zu einer inneren Geisteshaltung werden. Lassen wir nach in der Bewusstheit, übermannt uns sogleich die Dumpfheit und die Illusionen wuchern und ergreifen Besitz von uns, wie Brombeeren, die man zurückgeschnitten hatte und die sogleich wieder vorwärtskriechen. Wach zu sein ist die Anforderung des Zen-Weges – nicht einmal, nicht hin und wieder, sondern in jedem Augenblick. Die Wildnis des Geistes erfordert daher die unentwegte Pflege, um aus ihr einen gepflegten Garten, eine Kulturlandschaft werden zu lassen. Dies braucht einerseits eine hohe Motivation und andererseits den großen Einsatz permanenter Pflege. Das Hier und Jetzt klar zu erfahren, ist kein Hab und Gut, das ich in Händen halten könnte, es bedarf immer der Übung.

Verlassen sein ist ein sehr schmerzhaftes Gefühl. Es tritt nicht nur auf, wenn wir allein sind, es kann uns auch unter Menschen überfallen. Es ist das Gefühl, nirgendwo dazuzugehören, nicht gesehen, nicht gehört oder verstanden zu werden. Erdrückend sind solche Gefühle. Sie gleichen einer Wildnis, bedrohlich und ohne Ausweg. Wir wissen nicht, wann und wie sie enden. Diese Gefühle tauchen in uns Menschen so häufig auf, dass es nicht verwundert, wie viele Bilder sich in den Zen-Texten finden, um dieses Gefühl des Verlassenseins zu beschreiben.

... DAHIN DURCH WUCHERNDES GRAS ...

Das Gras wuchert, sodass wir unseren Lebensweg nicht mehr sehen können. An anderer Stelle ist die Rede davon, sich im Schilf bzgl. eines sicheren Bodens zu täuschen, der uns dann erbarmungslos versinken lässt, oder vom Nebel, der mir den Blick für die Wirklichkeit raubt, den tief hängenden Wolken, die mir nichts Gutes verheißen, oder den dichten Schlingpflanzen, die mir den Atem abdrücken. Diese Bilder lassen die Verzweiflung spüren, die auftaucht, wenn wir uns in unseren Gedanken verstricken. In diesem dicht wuchernden Gras schreitet der Hirte dahin und sucht seinen Ochsen. Jetzt geht es darum, dieses wuchernde Gras, unsere ausufernden Gedanken immer wieder zurückzuschneiden, um uns nicht zu verirren. Die Konzepte, Illusionen und Gedanken sind immer da. Wie sehr wir es uns auch wünschen, aus dieser endlosen Wildnis herauszukommen, uns nie mehr im Dickicht zu verirren, sie werden immer wieder auftauchen. Das Gestrüpp ist ein Teil des Lebens, wie auch die Lichtung. Solange wir dem Dickicht entrinnen wollen, verirren wir uns in ihm.

Wir alle träumen von einem Leben, wie wir es gerne hätten oder wie wir gerne wären. Diese Vorstellungen sind unser Gestrüpp. Sie überwuchern die Wirklichkeit, verwehren uns den Blick auf das, was ist. Wir sehen nicht mehr den Ochsen, und doch ist er immer da, zeigt sich in jedem Augenblick. Aber da wir von diesem Ochsen ein anderes Bild haben, sehen wir ihn nicht.

Es ist verrückt, wir suchen unser wahres Selbst und erkennen nicht, dass es schon immer da ist. Wie ein Fisch, der sich nach dem Wasser sehnt, in dem er immer schon schwimmt.

Manchmal mag man sich wünschen, lieber dumpf zu bleiben, um das eigene Verlorensein nicht zu spüren. Aber das ist nicht möglich. Der Ochse, unser Geist, wird uns immer zur Bewusstheit treiben. Rutschen wir in die Dumpfheit ab oder wollen uns im Unbewussten niederlassen, kommt über kurz oder lang die Sehnsucht, den Sinn des Lebens zu suchen. Das einzige Mittel, um nicht aufwachen zu müssen, sind unsere Süchte; Alkohol,

Drogen, Kaufsucht, Esssucht, Sexsucht u. a. Wir wissen jedoch alle, dass sie uns immer nur für einen Moment befriedigen können. Geben wir ihnen nach, treibt uns eine Gier und ein Jammer und schreit nach mehr. Der einzige Weg ist, sie auszuhungern, nur dann sind wir in ihnen nicht mehr gefangen. Unser Menschsein zu ergreifen bedeutet wach zu sein und nicht irgendwo eine Scheinbefriedigung zu suchen.

Es gibt eine schöne Geschichte von Mullah Nasrudin, die zeigt, wie unsinnig es ist, sein Leben dort zu suchen, wo wir glauben, da wäre es leicht und bequem.

> Nasrudin hatte seinen Schlüssel verloren. Da es schon dunkel war, suchte er im Lichtkreis einer Laterne. Ein Freund kam vorbei und fragte ihn, was er denn mache. »Ich habe meinen Schlüssel verloren.« Der Freund half ihm den Schlüssel zu suchen. Sie fanden ihn einfach nicht. Nach einiger Zeit fragte ihn der Freund: »Mullah, bist du dir sicher, dass du den Schlüssel hier auch wirklich verloren hast?« »Nein, ich habe den Schlüssel nicht hier verloren, aber hier scheint doch die Laterne und da sehe ich mehr«, meinte daraufhin Nasrudin.

Suchen wir unseren Ochsen unter der Laterne, dort wo es für uns leicht und bequem erscheint, werden wir ihn nie entdecken. Er ist in der Wildnis verloren, vor der wir Angst haben, wo wir uns nicht auskennen, wir müssen mitten im wuchernden Gras suchen. Dort hat sich der Ochse versteckt. Er versteckt sich nicht im Himmel, an heiligen Stätten. Es mag widersprüchlich klingen, doch gerade in den Vorstellungen, die wir loslassen sollen, gerade da entdecken wir unseren Ochsen.

... UND IMMER TIEFER INS VERWACHSENE LÄUFT DER PFAD ...

Das Leiden an der Wildnis ist der Auftakt, mit dem der Hirte seine Suche beginnt. Jetzt zeigt sich ein Sehnen, das in ihm brennt und das ihn antreibt, seinen Ochsen, sein wahres Selbst, zu finden. Er will bei sich ankommen, einen Ort finden, wo er sich zu Hause fühlt, frei von seinen Unzulänglichkeiten, frei von den plagenden Gedanken, Sorgen und Ängsten. Diese wuchern in ihm wie hohes Unkraut, das alle Spuren und jeglichen Ausweg nicht mehr erkennen lassen. Sie machen es ihm unmöglich, das zu leben, wonach er sich sehnt. Wie verwachsen sind sie in ihm, dass er sie nicht einfach ablegen kann. Unsere Konditionierungen und unsere Muster sind nicht nur Sticker, die auf uns kleben und die einfach wieder abgezogen werden können. Unsere Muster sind mit uns tief verwachsen. Wir erleben uns als diese Muster, als diese Konditionierungen. Wir sind diese Prägungen, denn wir tragen die ganze Menschheit in uns. Als Lebewesen sind wir zutiefst geprägt. Unser ganzer Leib trägt alle Erfahrungen der Evolution in sich. Wir können vielleicht unsere individuellen Schwierigkeiten analysieren, können sagen, sie kommen von dem oder jenem her. Aber wir kommen nie an ein Ende, wir müssten bis zum Sternenstaub zurückgehen. Wir sind das ganze Universum. Wir sind mit allem verwachsen. Das zu erkennen, ist wichtig. Zu merken, was wir sind, und zu wissen, nichts kann ausgeschlossen werden. Wir tragen den ganzen Kosmos in uns. Wie könnten wir die Sterne sehen, wenn sie nicht in uns wären, wie die Sonne, wenn wir sie nicht selbst wären. Wir könnten den Fluss nicht erleben, wären wir nicht der Fluss. Wir sind die Pflanzen, wir sind die Tiere. Wir sind alles. Diese Einheit ist die Wirklichkeit. Dessen sollten wir uns immer wieder bewusst sein. Was wir im

Außen sehen, tragen wir in uns. Durch dieses Verwachsene läuft der Pfad, nicht außen herum. Wir können nicht aus dem Körper aussteigen, nicht in heilige Gefilde entschweben. In Zazen begegnen wir diesem Verwachsenen, und nicht nur das, wir betrachten es nicht wie ein Außenstehender, wir beschreiten den Pfad und gehen mitten hindurch. Alles verlangt in uns, erkannt und ganzheitlich durchlebt zu sein. Sich nicht in den Sumpf hineinzuwagen, ihn nur äußerlich anzuschauen, ihn nicht wirklich zu durchschreiten, ist eine Versuchung und eine Gefahr. Wir schneiden uns vom Leben ab. Unsere Abwehrmechanismen sind sehr geschult. Wir sind vorsichtig, wollen nicht spüren, was eventuell schmerzen könnte, und versinken dabei in einen Meditationsschlummer.

Wie sehr sehnt sich der Hirte doch nach der Befreiung. Wie gerne würde er aus seinen Mustern aussteigen können, seinen Geist beherrschen. Noch ist der Ochse nicht zu sehen und doch spürt der Hirte ihn in seiner Sehnsucht. Der Ochse treibt ihn, sich selbst zu suchen und sich selbst zu entdecken. Kein anderer als ich selbst kann sich auf diese Suche machen. Es ist immer mein eigener Weg. Es ist unmöglich, Schwierigkeiten, die der Weg mit sich bringt, Erschwernissen auszuweichen, Abkürzungen gehen zu wollen, sie andere für mich gehen zu lassen. All dies führt mich nur tiefer ins Dickicht. Jeder Weg hat Hindernisse, vielleicht erscheint der Weg manchmal sogar versperrt. Woher weiß ich, wo ich hingehen soll? Ich habe keine Landkarte, keine Wegweiser, die mich weisen. Ich muss mich aufmachen, ohne zu wissen, wohin und worauf ich mich einlasse.

DER LEIB ZU TODE ERSCHÖPFT UND VERZWEIFELT DAS HERZ …

Der Hirte muss seinen Ochsen in sich selbst finden. Dafür braucht es Mut. Er muss sich seinem Gedankenstrom stellen, in ihn eintauchen, und doch nirgendwo verweilen. Das ist schwer, immer und immer wieder ergreifen ihn Ängste, Zorn oder Gier. Die Befreiung scheint in weiter Ferne, fern ragen die Gipfel des Gebirges, heißt es. Wo ist der Ochse, wo ist unser wahres Wesen?

Wir sehen den Fluss, wir sehen das Gebirge, sie kommen uns so gegensätzlich vor. Ja alles, was uns in solchen Situationen erscheint, kommt uns wie ein Gegensatz vor. Fröhliche Menschen, traurige Menschen, Freud und Leid, verlassen und geborgen. Die ganze Welt kommt uns in unseren Gedanken als gegensätzlich, weit voneinander getrennt, vor. Wir sehen keine Verbindung, von der einen Seite zur anderen zu kommen. Im Gegenteil. Meine Verlassenheit führt mich immer weiter ins Abseits. Die Verzweiflung der Ausweglosigkeit erfasst mich und gerade sie ist es, die mich noch weiter ins Dickicht treibt.

Das deutsche Wort Verzweiflung ist so eindeutig in seiner Aussage. Es ist der Zustand, in dem wir alles in zwei trennen, wo wir die Welt in gut und schlecht, in richtig und falsch, in groß und klein, in hoch und niedrig teilen und uns immer auf der einen Seite erleben und keine Verbindung zu der anderen Seite des Lebens sehen. Solange wir in dieser Vorstellung gefangen sind, an das andere Ufer zu müssen, und nicht unser Ufer als das andere Ufer erkennen, ist unser Herz verzweifelt und wir erschöpfen unseren Leib zu Tode, denn die zweifelnden Gedanken verbrauchen unsere ganze Lebensenergie.

Der Hirte darf nicht verzagen, darf sich nicht noch weiter in dem Dickicht verstricken. Er braucht Gelassenheit. Er muss lernen, das, was ist, zuzulassen. Sogleich regt sich ein Widerspruch. Muss ich nicht im Leben sagen, was richtig und falsch ist, mich manchem widersetzen, nicht alles zulassen? Das Problem liegt darin, dass wir das, was wir für richtig halten, für das Einzige im Leben halten, und das Falsche darf nicht sein.

Im Leben aber gibt es richtig und falsch, es gibt Fehler und keine Fehler, es gibt gerade und es gibt krumm. Ist es krumm, dann sagen wir, das darf nicht sein, es muss doch gerade sein. Aber es ist ein Moment, wo etwas krumm ist, ein Moment, wo etwas falsch ist, aber nicht falsch in dem Sinne, dass es nicht sein darf. Es ist, wie es ist. Das ist kein Fatalismus, erst aus dieser Haltung heraus entwächst ein angemessenes Handeln. Ich nehme an, was ist, und das lässt mich entsprechend handeln. Manchmal sage ich Nein, manchmal sage ich Ja, heißt es im Shodoka.

Yin und Yang, darin spiegelt sich das Leben. Wollen wir nur einen Pol, leben wir in einer Illusion und werden am Leben leiden. Es gibt kein Leben, in dem es keine Fehler gibt. Das Leben zeigt sich einmal in Fehlern und einmal in keinen Fehlern, ebenso einmal im Wachsein und das andere Mal im Nicht-Wachsein. Unsere Schwierigkeit ist, dass wir uns immer nach einem Leben sehnen, das dauerhaft keine Wildnis hervorbringt, wir suchen nach einem Schlaraffenland. Wir sehnen uns nach einem Leben ohne Schwierigkeiten. Aber Leichtigkeit und Schwierigkeit sind zwei Pole und wenn ich immer auf die Leichtigkeit schaue, wird das Schwere übergroß.

Ohne Polarität gäbe es keine Harmonie, keine Ästhetik. Sie nährt sich gerade aus den Gegensätzen und bringt sie in die Waage. Wie sollte ich das Licht erfahren können, wenn ich nicht die Dunkelheit erlebe? Der Wunsch in uns ist riesig, immer nur die Sonnenseite des Lebens zu leben. Aber der Schatten ist ein Bereich des Lebens, dem wir nicht ausweichen können und den es genauso zu erfahren gilt. Das klingt so leicht, ist so schnell dahingesprochen, doch die Schattenseiten zu durchleben, kostet uns alle Kraft. In den meisten Fällen bäumen wir uns gegen sie auf, wollen sie nicht haben. Wir wollen dem Dickicht und dem Schlamm ständig entrinnen und damit treiben wir uns umso mehr in sie hinein. Unser Lebensfluss ist ein unendliches Schwingen der Pole. Mit ihnen mitzuschwimmen, die Dinge so zu nehmen, wie sie sind, ist unsere Übung. Wir üben, aus dem Muster, an einem Pol zu haften, auszusteigen. Heraustreten aus seinen Verstrickungen heißt im Zen, bewusst mitten hineinzusteigen, sich von jeder Welle hoch- und runtertragen zu lassen. Wie die Wellen zeigt sich das Leben. Nichts halte ich fest. Zen führt uns nicht zu heiligen Stätten, es wirft uns mitten in den Lebensstrom. Auch in den Gedanken zeigt sich das Leben. In den Mustern zeigt sich das Leben, in den Konditionierungen. Sich ihrer bewusst zu sein ist der Weg, sie als Blitze, als Schaum, als Phantome zu entlarven.

... KEINE GELEITENDE RICHTUNG ...

Unser Hirte hat sich verlaufen. Er sehnt sich nach dem Gebirge, hoch hinaus, fern jeglichen Sumpfes, das fern vor ihm aufragt, aber wie will er dort hingelangen? Er findet keine geleitende Richtung. Wir wissen nicht, wo unser Weg hingeht. Das ist schwierig. Meister Nansen sagt, der Weg zeichnet sich gerade als Nichtwissen aus. Wir würden so gerne wenigstens ein bisschen wissen, worauf wir unsere Füße stellen sollen, ein bisschen Boden unter den Füßen spüren. Doch es gibt kein Wissen von dem, was kommt. Es wäre nur wieder ein Konzept. Unser Weg ist, wie wenn wir jedes Mal in einen Brunnen fallen, ohne zu wissen, wo wir aufkommen.

IM DÄMMER DES ABENDS HÖRT ER NUR ZIKADEN …

Als er sich am Abend völlig erschöpft und verzweifelt niederlegt, er nicht mehr kämpfen und herumirren kann und die Dämmerung sich auf sein Bewusstsein legt, da wird die leise Stimme seines ureigensten Wesens ganz sachte hörbar. Der Abend bringt die Dunkelheit. Um den Hirten herum wird es dunkel. Er weiß nicht mehr ein noch aus. Es dämmert ein bisschen, ein bisschen ist noch Licht da. Auf einmal hört er die Zikaden auf dem Ahorn singen. Der Ahorn steht in Asien für die Würde und für die Freiheit. Die Zikaden stehen für die Wiedergeburt und die Unsterblichkeit. Er hört die Zikaden auf dem Ahorn singen. In seiner vollkommenen Verzweiflung, wo er nicht mehr ein noch aus weiß, da, genau da hört er den Gesang von der Unsterblichkeit und von der Freiheit des Menschen.

Wenn wir keinen Ausweg mehr haben, wir nicht mehr ein noch aus wissen, keine Konzepte mehr haben, wie das Leben uns tragen soll, in dem Moment wird ein Gesang hörbar. Jetzt erscheint die Wirklichkeit, die der Intellekt nicht erfassen kann. Der Gesang kommt aus dem Bereich der Kunst. Die Kunst wird von der Tiefe der Intuition getragen, nicht vom Intellekt. Damit beschreiten wir eine tiefere Ebene. Sie eröffnet uns ein weiteres Feld als der Intellekt. Wir hören den Gesang der Zikaden. Sind wir verzweifelt, lasst uns lauschen auf den Gesang der Zikaden auf dem Ahorn. Der Gesang ist überall, in der ganzen Luft ist Gesang. Die Regentropfen, der Wind, es ist egal. Alles singt, überall ist der Ton. Lasst uns ihm lauschen.

Die Zikaden auf dem Ahorn singen nicht eines Applauses wegen, nicht weil sie etwas erreichen wollen. Die Zikaden singen, weil sie singen.

Wir können von ihnen lernen. Wann haben wir das letzte Mal gesungen? Singen ist eine wunderbare Übung, es beruhigt unseren Atem, der durch die streitenden Gedanken ganz kurzatmig und unruhig geworden ist, es lässt uns wieder unsere eigene Mitte spüren und öffnet unser Herz. Eigentlich müsste man uns niedergeschlagenen Menschen das Singen verordnen. Singen wie die Zikaden, absichtslos, ohne die Frage, für wen, warum und wieso.

Die Zikaden, die 10 Jahre unter der Erde verweilen, bis sie schlüpfen, sind auch das Symbol für Geduld. Diese brauchen wir auf der Suche nach uns selbst. Wie ein Apfel nicht dadurch wächst, dass man ihn schlägt, sondern wir ihn reifen lassen müssen, beschienen von der Sonne, vom Regen und vom Wind gepeitscht, so brauchen auch wir die Geduld, dass das, was sich in uns entfalten will, reift. Der Ahorn ist ein wunderbares Bild, der Baum, dessen Laub im Winde singt, der Schatten und Schutz spendet, auch in ihm ist das Leben, das wahre Wesen allen Seins so wunderbar zu erleben.

Das wahre Wesen tut sich dem Hirten trotz seiner Verzweiflung und Erschöpfung noch am Abend ganz sanft kund. Er darf es noch spüren.

Dies macht uns Mut. Versinken wir in der Verzweiflung, ist es gut, sich an diese Zeile zu erinnern. Lasst uns hinausgehen in die Natur, lasst sie uns einatmen, sie kühlt unseren Geist und lässt die Verwirrung ruhig werden. Die Natur kennt kein Wollen, sie lebt, was in ihr lebt. Nur wir glauben, anders sein zu müssen, und machen es uns dabei so schwer. Wir können von den Zikaden und dem Ahorn lernen, uns hinzugeben an das Leben, und es sich in uns entfalten lassen. Es hat die Kraft, es hat die Schönheit, es hat alles, was wir brauchen, um das zu sein, was wir in Wirklichkeit sind. Der Leib zu Tode erschöpft und verzweifelt das Herz. Ja, das ist nachvollziehbar. Das erleben wir oft, dass wir denken, ich kann nicht mehr, ich will nicht mehr. Wenn wir erschöpft sind, dann produziert unser Gehirn diese Gedanken. Wir müssen achtgeben: Falls unser Kopf diese Gedanken denkt, ist Entspannung und Erholung angesagt. Wir sollten unseren Geist beobachten, wenn wir ausgeruht sind und ein wunderbares Mahl gegessen haben, was er dann plaudert. Er wird ganz anders sprechen als in der Erschöpfung. Das kann uns die Sicherheit geben, unsere Gedanken nicht so ernst zu nehmen.

Tauchen wir in diese Bilder ein, spüren wir bald, dass sie mitten aus dem Leben kommen, sie sind sehr lebensnah. In der Gegend, in der ich aufwuchs, gab es mehrere Moore. Manchmal durchwanderten wir sie. Es waren Bretter durch das Moor gelegt und nur auf ihnen durfte man gehen. Meine Eltern betonten dies unentwegt und erzählten Geschichten von Menschen, die sich nicht daran hielten, auf den vorgegebenen Wegen zu bleiben, lieber Abkürzungen nahmen und dann elendig im Schlamm versanken.

Auch dichtes, hohes Gras kann einem den Weg so verdecken, dass man die Richtung verliert, den Weg nicht mehr sieht und immer im Kreis herumläuft.

Dies sind wunderbare Bilder für unser Gedankenkarussell. Sind wir in unsere Gedanken verstrickt, kreisen wir unentwegt um sie und sehen keinen Ausweg mehr, aus unseren Sorgen herauszukommen, dann müssen wir uns Ruhe verschreiben, dann ist Lauschen angesagt, um nicht im Schlamm der Gedanken zu versinken.

2. BILD – SPIEGELUNGEN AUSHALTEN

WIDERSTAND ERSCHÖPFT

Die Frage nach dem Sinn des Lebens, die Frage nach sich selbst ist tief in unserem menschlichen Dasein verankert. Sie ist unsere Lebensfrage. Sie wird nicht von außen gestellt, sie drängt sich uns aus unserem Inneren her auf. Auch bei jenen, die den Anschein geben, sie würde diese Frage nicht interessieren, ist diese Sehnsucht da, ihren Sinn des Lebens zu erfahren. Denn diese Sehnsucht kann auch anders zum Ausdruck kommen. So kann sie sich als Sehnsucht zeigen, glücklich zu sein, aber vor allem zeigt sie sich in der unendlichen Sehnsucht, geliebt und gesehen zu werden. Diese Sehnsucht gehört zu unserem Menschsein und in ihr drückt sich unsere wahre Natur aus. Diese will sich als Liebe in uns erkennen, will sich in uns bewusst leben. Auf den ersten Blick mag der Eindruck entstehen, als stecke ein eigenständiges Ich dahinter, das sich und die anderen lieben möchte. Doch das ist eine Täuschung. Unser Sosein selbst vollzieht sich in der Sehnsucht und in der Suche nach Liebe, im Finden und im Erkennen seiner selbst als Liebe. Diese Suche nach sich selbst ist oft sehr schmerzhaft und auch frustrierend. Denn als Erstes suchen wir im Außen, wie der Hirte im ersten Gedicht. Wir suchen in der Befriedigung unserer Wünsche durch Konsum, durch die Anerkennung anderer oder durch Erfolg und erleben doch, wie wir davon nie satt werden.

Wir kommen mit der Suche im Außen immer an unsere Grenzen. Das Außen kann mir nie eine letztgültige Antwort geben. Es ist ja selbst unentwegt in der Veränderung. Wie sollte mir diese Unbeständigkeit Halt geben können? Im Gegenteil, es macht mich unsicher. Ich versuche krampfhaft, etwas festzuhalten, das mir doch ständig entrissen wird. Wir können dabei auf die Arbeit, die Eltern, die PartnerInnen, die Kinder, ja auf das Leben selbst schauen. Alles ist von der Vergänglichkeit geprägt. Mit sich und der Welt wirklich in Frieden zu kommen, sich als Liebe zu erfahren, braucht eine tiefe Veränderung meiner Sicht der Dinge.

Das erste Bild endete damit, dass es uns sagt: Lass los, höre auf mit deinem Wollen, aber resigniere nicht, brenne innerlich für das Leben. Das sind diese wunderschönen Worte: »Im Dämmer des Abends hört er nur die Zikaden auf dem Ahorn singen.« Der Hirte gibt auf, etwas zu wollen. Er lässt sich auf das Leben ein. Er lauscht, er weiß nicht mehr, wohin es geht, er möchte nicht mehr allem das eigene Wollen und die eigene Bedeutung aufdrücken. Dieses Zulassen dessen, was ist, stellt sich bei uns meistens erst dann ein, wenn wir nicht mehr weiterwissen, wenn wir mit unserem Latein am Ende sind. Solange wir noch glauben, zu wissen, wo ich den Sinn des Lebens finden kann, lasse ich mich auf das Leben nicht ein. Ich will es nach meiner Vorlage gestalten. Das Leben jedoch lässt sich nicht in eine Schablone pressen. Es verlangt von uns, es so anzunehmen, wie es ist. Jeder Widerstand erschöpft uns nur und führt uns keinen Schritt weiter auf dem Weg zu uns selbst. Der Hirte beginnt jetzt zu lauschen, sein Widerstand ist gebrochen, er ist dessen müde. Die Reise zu sich selbst ist damit jedoch nicht zu Ende, jetzt erst setzt er sich in Bewegung. Der Hirte folgt dem Fluss und gelangt an ein Altwasser.

WENN KEIN GEDANKE DEN SPIEGEL TRÜBT

Unter den Bäumen am Wassergestade
sind hier und dort die Spuren des Ochsen dicht
hinterlassen.
Hat der Hirte den Weg gefunden
inmitten des dicht wuchernden, duftenden Grases?
Wie weit auch der Ochse laufen mag,
bis in den hintersten Ort des tiefen Gebirges,
reicht doch seine Nase in den Himmel.

Viele große Flüsse bilden immer wieder ein Wassergestade, ein Altwasser, eine kleine Abzweigung. Dort kommt der Fluss zur Ruhe, hält inne, reißt nichts mehr mit sich fort. Er liegt wie ein kleiner See ruhig da. Pflanzen, Sträucher, Bäume können an seinem Rand wurzeln. Das Altwasser birgt eine tiefe Stille in sich. Der Fluss strömt und rauscht abseits in seiner Mächtigkeit und Heftigkeit vorbei, hier in dem Wassergestade jedoch ist Stille. Alles, was in seine Nähe kommt, hat die Zeit, sich in ihm zu spiegeln, der Himmel, die Vögel, die Wolken, die Bäume, die Sträucher. Kräuselt kein Windhauch die Oberfläche des Wassers, sind die Spiegelungen so klar, dass sie kaum von ihrem Subjekt zu unterscheiden sind. Sie scheinen, in dem Spiegel zu existieren.

Dies ist ein wunderschönes Bild für unseren Geist. Kommen einmal die Gedanken zur Ruhe, brausen sie nicht mehr wie ein stürmender Strom in uns, wird unser Geist zu einem Spiegel, in dem wir uns und die Welt erkennen können.

Einige Märchen greifen dieses Motiv des Spiegelbildes auf und erzählen davon, wie sich meist der Prinz oder die Prinzessin und die Welt in einem Spiegel erkennen können. So in dem Märchen der Brüder Grimm vom Eselein. Dort wird erzählt, wie ein Königssohn lange nicht merkte, dass er in einer Eselshaut geboren war. In einer Tierhaut zu stecken, ist im Märchen das Bild, von seinen Trieben und Instinkten besetzt zu sein. Trotz seiner Grobheit lernte er jedoch das Spiel mit der Laute meisterhaft. Eines Tages sah er in einem See sein Spiegelbild. Zum ersten Mal erkannte er sich, erlebte sich in seinen Trieben, in seinen Schattenseiten. Er ist so entsetzt, dass er sein Reich verließ und auf Wanderschaft ging. Mit dem Spiel der Laute verdiente er seinen Lebensunterhalt. Als er an einen Königshof kam, verhalf ihm sein

Lautenspiel dazu, die Prinzessin zur Braut zu bekommen. Diese entdeckte, dass nachts, wenn alle Triebe ruhten, die Tierhaut von ihrem Prinzen abfiel. Eines Nachts stahl sie die Haut und verbrannte sie und der Königssohn war für immer seiner Tierhaut enthoben. Dieses Märchen drückt in seinen Bildern den Prozess der Selbstwerdung aus. Es beginnt damit, dass sich der Prinz seiner Schattenseiten bewusst wird. Doch er resigniert nicht, er beginnt damit, sich zu »kultivieren«. Er geht auf die Wanderschaft, beißt sich durch und verdingt sich durch das Lautenspiel. Die Musik öffnet die Herzen der Menschen, schenkt ihm die Liebe und Anerkennung des Königs, sodass dieser ihm sogar die Prinzessin gibt. Durch die Musik, die er anderen Menschen schenkt, »kultiviert« sich der Prinz. Sie verleiht ihm Ausdauer und Standhaftigkeit, Feinheit und Weisheit und zähmt seinen ungestümen Geist, sodass er mit der Prinzessin eins werden kann.

Das Erlernen eines Musikinstrumentes hat viele Parallelen zu unserer Zen-Übung. Regelmäßigkeit und Aufmerksamkeit sind unabdingbar, bis der ganze Körper davon durchdrungen ist und die Musik wie von selbst in uns spielt. Uns Menschen ist in unserem Leben die Übung aufgegeben. Es gibt nichts, was wir nicht üben müssten, um eine Meisterschaft zu erlangen. Hören wir mit der Übung auf, verlieren sich langsam die Fertigkeiten wieder. Unserem Körper einfach zu befehlen, was er tun soll, ist nicht möglich, alles muss geübt sein und sogar die Liebe, unser wahres Sein. So sind wir als Menschen nie am Ende unserer Übung, uns zu entfalten. Die Übung ist der Ausdruck unseres Lebens und nicht nur eine Vorstufe zu einem Können.

In Zazen üben wir uns in der Aufmerksamkeit und dem Gewahrsein dessen, was ist. Nicht als Selbstzweck, sondern um uns in jedem Moment des wahren Wesens allen Seins bewusst zu sein, das in allem zum Ausdruck kommt. Dieses wahre Wesen ist keine Neutralität, nichts Abstraktes, wir können es nicht benennen, nicht beschreiben, nicht in unsere Kategorien einbauen, doch wir erleben es als eine tiefe Liebe, die alle Gegensätze übersteigt.

Nie kann und darf daher diese Übung der Achtsamkeit enden. Wir würden uns als liebende Menschen verlieren. Das Leben ändert sich unentwegt. Unablässig geschieht Neues, auch wenn es mir gleich erscheint, es ist doch jedes Mal anders. Der Zen-Meister Gutei zum Beispiel hob jedes Mal, wenn er nach der Lehre gefragt wurde, einen Finger hoch. Auf dem Totenbett sagte er: »Auch wenn ich mein ganzes Leben lang das Ein-Finger-Zen praktiziert habe, konnte ich es nie ausschöpfen.« Dieser eine Finger war immer derselbe und doch nie der Gleiche.

Das Leben ist Übung. In ihr drückt sich unser Sosein aus, Übung wird zur Lebenshaltung.

Die Übung des Zazen ist, den Geist stille werden zu lassen, er sollte gleich einem ruhigen See vor uns liegen, in dem sich alles spiegeln kann. Solange der Strom der Gedanken riesige Wellen aufwirft, kann ich nichts sehen. Doch hier, an diesem stillen Wassergestade ist es möglich. Schauen wir in den Geist, und trübt kein einziger Gedanke die Spiegelfläche, sehen wir die Wirklichkeit in ihrer vollen Klarheit.

Diese Praxis mag einfach klingen, doch sie ist ungeheuerlich schwer. In dem See erscheinen Bilder, die wir nur bei anderen gesehen haben. Vieles entspricht nicht dem, was ich gerne von mir sehen möchte. Anderes wiederum möchte ich gerne sein und das will und will sich nicht zeigen. Abwehr oder Vorlieben schlagen unentwegt hohe Wellen, und unsere Sicht ist verschwommen.

Mullah Nasrudin[3] sah einst auf seiner Wanderung am Wegesrand etwas glitzern. Er bückte sich und hob das seltsame Ding auf. Es war die Scherbe eines Spiegels. Als er sie näher betrachtete, erblickte er sein eigenes Gesicht darin. Mit ausholender Handbewegung warf er den Spiegel weit von sich fort und rief: »Kein Wunder, dass man das Ding weggeworfen hat – so was Hässliches ist ja nicht zum Anschauen.«

... DIE SPUREN DES OCHSEN ...

Halten wir uns aus? Können wir sagen, ja das bin ich, oder schauen wir lieber weg oder reden wir uns schön?

Doch genau darum geht es auf der Suche nach uns selbst: uns allen Spiegelungen zu stellen. Sich radikal anzunehmen. Das bedeutet nicht, alles gutzuheißen, sondern alle Seiten von sich selbst als solche anzuerkennen.

Zazen ist die Übung, den Geist zu einem stillen See werden zu lassen und uns darin zu spiegeln, uns im Wassergestade anzuschauen und uns auszuhalten.

Dieses Aushalten bedeutet nicht, sich einzureden: »Ich bin halt so, da kann man nichts machen«, und die Bilder wegzuschieben. Sich auszuhalten heißt, Ja zu sagen zu dem, wie ich mich erkenne. Da sehe ich mich geizig oder eifersüchtig, sehe mich in meinem hasserfüllten Gesicht, ich sehe mich in meiner Trägheit oder meiner Hochnäsigkeit oder meiner Gier nach Anerkennung. Die Liste ist unendlich. Nicht wegzuschauen verlangt, diesen Schattenseiten standzuhalten, nichts zu negieren. Das Gleiche gilt für die Sonnenseiten. Sie darf ich nicht bevorzugen, mich an ihnen festhalten, mich auch nicht mit ihnen brüsten und glauben, sie wären meine Eigenschaften. Von uns wird verlangt, alle Bilder, die erscheinen, nicht auf uns zu beziehen, sondern sie als Bilder des Seins anzuschauen. Was wir in unserem Geist sehen, sind Erscheinungen des Seins, es sind die Spuren des Ochsen. Er zeigt sich vielleicht groß und stattlich, erhaben und schön und schon möchten wir diese Eigenschaften festhalten, uns mit ihnen identifizieren. Doch nein, sie sind die gleichen Spiegelungen wie die Schattenseiten. Sie sind Spuren des Ochsen und nicht der Ochse selbst.

An dem Wassergestade unter den Bäumen sind ganz dicht die Spuren des Ochsen für den Hirten sichtbar. Den Ochsen sieht er noch nicht, aber seine Spuren. Es sind nur seine Abdrücke. Alle Formen sind die Spuren des Ochsen. Jetzt gilt es, ganz im Schauen zu sein. Nur schauen ohne einen Hauch von Bewertung, ohne einen Hauch von Ablehnung oder Zuneigung. Ansonsten bleiben wir an den Spuren hängen und der Ochse bleibt versteckt. So schwierig es ist, die Schattenseiten nur zu betrachten, so schwer ist es auch mit den Sonnenseiten. Wie gerne haben wir sie, wie sehr sehnen wir uns nach ihnen, nach Stille, nach Liebe, nach Freiheit. Doch greifen wir nach ihnen, wollen wir sie haben, sind sie schon verschwunden. Auch sie sind nur die Spiegelungen und nicht das wahre Sein. Alle Bilder, die auftauchen, sind nur Spiegelungen unseres Geistes. In Zazen geht es daher darum, diese Bilder, die uns so real erscheinen, so greifbar, nur zu betrachten. Schiebt sich keine Benennung dazwischen, wird der Ochse, unser wahres Selbst, erlebbar. Greifen wir jedoch nach den Bildern, bleibt der Ochse verborgen. Von den Bildern werden wir nicht erfüllt. Wie die Bilder eines Kochbuches unseren Hunger nicht stillen können. Bilder hinterlassen in uns immer den Geschmack, nicht wirklich zu leben. Nach kurzer Zeit fühlen wir die Leere, und die Sehnsucht nach mehr Leben wird laut.

Wir verzehren uns in Sehnsucht nach dem Leben und sind doch nicht fähig, das Leben, das unentwegt in uns lebt, zu spüren. Wir bleiben an den Spuren des Ochsen hängen. Er selbst bleibt uns verborgen. Durch die Übung des Zazen versuchen wir unseren Geist zu schulen, nicht an den Bildern hängen zu bleiben, sondern durch sie hindurchzuschauen. Meister Bankei[4] nannte den Ochsen das Ungeborene und sagte:

> »Das Ungeborene ist dort, wo du stehst, makellos so, wie es ist. Alles, was du tun musst, um es zu erkennen, ist: Du selbst sein, genau wie du bist, und zu tun, genau was du tust, ohne Kommentar, ohne Befangenheit oder Urteil.«

HAT DER HIRTE DEN WEG GEFUNDEN

Durch unsere Benennungen und die daraus folgenden Bewertungen der Spiegelungen entwischt uns der Ochse immer wieder und wir bleiben mit den Spuren zurück. Wir dürfen aber auch die Spuren nicht gering schätzen, ihnen sollten wir folgen und gleichzeitig jegliche Benennungen aufgeben, die sich zwischen mich und das Erscheinen der Spiegelbilder schieben. Radikale Akzeptanz ist hier gefragt, die Bilder anzuschauen, wie sie sind. Das klingt so leicht und ist doch sehr schwer. Es ist höchste Aktivität, sich ganz und gar in das, was ist, hineinfallen zu lassen. Normalerweise steigt in unseren Gedanken sofort ein Für oder Gegen auf. Wir vergleichen, ordnen ein. Jetzt geht es aber darum, diese Geistaktivität zurückzulassen und sich ganz diesem Bild zu stellen, nur zu schauen. Diese Haltung ist so außergewöhnlich. Normalerweise haben wir immer eine Meinung zu dem, was im Leben erscheint. Sich jedoch in den Augenblick einzulassen, ohne ihn in einen Bezug zu stellen, ist eine Geisteshaltung, die geübt werden muss. Nur mit ihr ist es uns möglich, in die Unmittelbarkeit und damit in das Erleben eines Augenblicks zu kommen, den Ochsen zu erleben und nicht nur in seinen Spuren zu schnüffeln. In den Spuren finden sich auch viele Verletzungen, die wir in unserem Leben erfahren haben. Beleidigungen, Kränkungen, Versagen, sie alle tauchen auf. Wie soll ich sie anschauen können? Alte Wunden werden aufgerissen und noch nach vielen Jahren lassen sie in mir die Tränen aufsteigen. Trauer überkommt uns über Versäumtes, über Misslungenes und über das eigene Versagen.

Mich anzuschauen, keine Rechtfertigungen aufkommen zu lassen, ist ein schwerer Schritt auf unserem Weg. Es geht darum, anzunehmen, dass wir verletzt oder gedemütigt wurden, dass wir selbst verletzten und kränkten. Es war so und wir können nichts ungeschehen machen. Ich nehme alle Konsequenzen auf mich. Es ist ein Ja zu dem Leben, wie es war und ist. Alle Begründungen, alle Rechtfertigungen müssen abfallen. Keine Entschuldigungen dürfen mehr zwischen mich und den Schmerz geschoben werden. Ich werde ganz und gar der Schmerz, nichts verdrängt ihn mehr, nichts beschönigt ihn mehr. Ich bin, was ich bin. Es ist unglaublich, doch in dem Moment, wo nichts mehr zwischen mir und dem Bild steht, löst es sich auf, selbst dann, wenn es ein sehr alter Schmerz ist. Es ist ein Hindurchgehen durch den Schmerz. Dies löst die Verstrickungen, lässt die Verletzungen abfallen. Sie verlieren ihre Macht.

Manchmal glauben wir, wenn wir den anderen, die uns den Schmerz zugefügt haben, verzeihen könnten, würde sich der Schmerz lösen. Es ist umgekehrt: Erst wenn ich die Verletzungen annehmen kann, mir selbst verzeihe, dass dies mit mir geschehen ist, geschieht auch die Vergebung des anderen. Sie ist eine Folge meiner Annahme.

Es ist die Folge der Liebe, die ich in mir selbst und zu mir selbst erfahre.

Zen verdrängt den Schmerz nicht. Zen nimmt den Schmerz an, geht körperlich durch ihn hindurch, lässt alle Erklärungen los. Verdrängen wäre, Entschuldigungen oder Begründungen zu suchen, um das Ganze zu verstehen. Das Leben mit meinem Kopf zu verstehen ist so, wie durch einen Strohhalm den Himmel zu betrachten und zu glauben, ich würde das ganze Firmament erkennen. Das Leben kann ich nicht durch Denken erfassen, dann stünde ich über dem Leben und würde es von außen in seiner Ganzheit betrachten können. Doch mein Denken ist bedingt, es ist selbst ein Ausdruck des Lebens.

Die Bilder des Lebens »nur« zu betrachten und keine Meinung dazu zu haben, macht die Bilder nicht neutral, im Gegenteil, dadurch dass ich sie nicht durch meine Bewertung einenge, zeigen sie erst ihre ganze Fülle. So wird alles, was in meinem Geist als Bild erscheint, zur Chance, meinen Ochsen zu finden. Jede Erscheinung ist eine Spur. Sie bringt mich auf die Fährte. Ich darf nicht von der Spur lassen.

Folgt ein Hund einer Spur, schnüffelt er mit seiner Nase in der Spur, folgt einer nach der anderen, nur hin und wieder schaut er sich in der Umgebung um. Von Augenblick zu Augenblick gehen und doch nicht das allumfassende Sein außer Acht lassen, macht die Spur zum Ochsen selbst. Ich brauche keine Angst zu haben, meinen Sinn des Lebens nicht zu finden, jeder Moment ist bereits der Sinn. In jeder Spur kann ich meinen Ochsen erleben. In jedem Moment bin ich von Liebe durchdrungen.

Das ist ein großer Schritt in das Vertrauen. Unser Geist möchte Sicherheit, möchte etwas in der Hand haben, will das Leben verstehen, um ja nicht in eine Falle zu geraten. Aber genau das

Gegenteil ist der Fall: Wir zementieren damit die Angst. Das Leben wird für uns immer belastender, der Kopf immer schwerer. Wir müssen unentwegt auf der Hut sein, uns absichern, uns abmühen, das Leben in den Griff bekommen, um dann festzustellen, dass es doch ganz anders läuft, als wir es uns gedacht haben. Die Lösung ist, nicht mit den eigenen Bewertungsmustern an die Probleme heranzugehen, sondern diese Bewertungsmuster loszulassen.

Das ist harte Arbeit. Wir stellen uns gegen unsere Konditionierung. Bei Zazen heißt dies, unseren Geist unentwegt zurückzurufen, wenn er wieder vorgreift und versucht, die Sache vom Intellekt her zu beleuchten. Immer und immer wieder probiert er es. Immer und immer wieder holen wir ihn zurück in diesen einen Augenblick des Atemzugs. Jeden Moment kommt es darauf an, dazwischenzugehen und zu sagen: jetzt nicht! Wir bleiben auf der Spur, riechen vielleicht schon den Ochsen. Doch bevor sich dieser in seiner Größe zeigt, gehen wir wie durch eine Hölle. Es ist ein Stück Tod, den wir zu sterben haben. Wir sind anderes gewohnt, und jede Veränderung macht uns Angst. Seit Menschengedenken identifizieren wir uns mit unseren Gedanken und sie konstituieren sich zu Mustern und Konzepten. Durch sie fühle ich mich gehalten und getragen. Folge ich nur einen Moment nicht dem Muster, löst sich die Identifikation mit mir auf. Mein Ich gerät ins Wanken, und das, was uns scheinbar durch das Leben getragen hat, zerrinnt.

Gewohntes aufzugeben, setzt uns in Angst und Schrecken. Woher soll ich wissen, dass mich das andere trägt? Es gleicht einem Sprung in einen Brunnen, ohne zu wissen, ob und wo ich aufkomme. Zen baut auf diesen Sprung, baut auf dieses Vertrauen ins Ungewisse. Wie nicht anders erwartet, bringt dieses Vertrauen einen ebenso starken Zweifel hervor. Trägt so etwas, ist das nicht nur ein Hirngespinst? Um den Weg nicht abzubrechen, brauchen wir die Kraft, uns vom Zweifel nicht übermannen zu lassen, sondern weiterzugehen, ohne Sicherheit. Das ist die Übung.

In allem sich selbst zu erkennen, das Außen als Spiegel seiner selbst zu erleben.

Selbstverständlich kommentiert unser Geist sofort: Das bin ich doch nicht, das hat mit mir nichts zu tun. Aber er kann schreien, wie er will, wir halten aus und er wird schlussendlich nicht auskönnen, zu erkennen, dass alles einschließlich seiner selbst ein momentaner Ausdruck der Wirklichkeit ist. Es geht darum, zu schauen und zuzulassen. Dazu gibt es keinen Ort und keine Zeit mehr, dies nicht zu praktizieren.

Im Garten sitzen, die Blumen betrachten und nicht schon wissen, was wir da sehen, in einem Café sitzen, die Menschen beobachten und nicht schon einen Kommentar zu jedem abgeben. Lernen, zu schauen. Lernen, zu hören, ohne eine Benennung. Das ist die Übung.

… INMITTEN DES DICHT WUCHERNDEN DUFTENDEN GRASES?

Es nützt nichts, abgeschieden von der Welt sich einer spirituellen Übung hinzugeben, sich von der Welt abzuschließen. Der Weg ist inmitten der Welt und sich auf alles einzulassen, nicht auf einer abgemähten Wiese zu verweilen, wo alles heilig ist. Ich finde die Wirklichkeit inmitten des dicht wuchernden Grases. Das hohe Gras, das den Weg verdeckt, in dem wir uns verlaufen können. Es wuchert oft so hoch, dass wir nicht mehr herausschauen, uns nicht mehr auskennen, wo es langgeht, und doch sagt der Dichter nicht, dass wir unseren Weg nur finden, wenn es abgeschnitten ist, wenn wir freie Sicht haben. Er gibt dem Gras, unseren Vorstellungen einen Duft. Das Gras trägt ebenso wie alles andere den Duft des Ochsen. In ihm finden wir ihn, nicht jenseits davon.

Das dicht wuchernde Gras duftet, es riecht nach dem Ochsen. Inmitten unserer Welt, unseren Schwierigkeiten versteckt sich der Ochse.

Die Bilder zeigen es deutlich: Im ganz normalen Leben finden wir unsere Erfüllung, nicht im Außergewöhnlichen, wo es ruhig und heilig ist. Der Traum einer schönen Berghütte, in der wir endlich zu uns kommen können, wo uns nichts mehr stört, wird zunichte gemacht. Mein wahres Menschsein, mein Glück ist an allen Orten und findet sich zu jeder Zeit. Im dicht wuchernden Gras duftet es nach dem, wer wir wirklich sind, dort finden wir uns selbst. Der Ochse ist überall. Wir nehmen es nur nicht wahr. Das ist das Problem, wir glauben immer, irgendwo, an ganz besonderen Orten, unter ganz besonderen Umständen, würden wir unser Glück finden, und erleben nicht, dass es schon immer da ist.

WIE WEIT AUCH DER OCHSE LAUFEN MAG

Nur ein Hauch dieses Duftes und ich weiß, nichts kann mich mehr von mir trennen. Jetzt bin ich mir sicher, es ist mitten in meinem ganz normalen Leben. Der Ochse kann weiß Gott wohin laufen, er wird mir nie entkommen. Wo soll er denn hin, wenn er sich in allem zeigt? Er kann nicht davonlaufen, er kann sich nirgendwo verbergen, nicht einmal im tiefsten Gebirge, wo die Berge so hoch hinaufragen, dass kein Licht zwischen sie hineinfällt, nicht einmal da kann er sich verstecken. Egal, wo ich bin, immer ist der Ochse schon da.

Wir sprechen vom Ochsen und gleichzeitig von unserem wahren Selbst, wir sprechen vom Hirten und gleichzeitig von uns selbst. Das ist wie in einem Traum, wo wir alle Personen gleichzeitig sind, wo alle Personen verschiedene Aspekte unseres Seelenbewusstseins sind, und doch ist es die Wirklichkeit. Die Ochsenbilder schlüsseln unser Sosein auf, das sich in vielen verschiedenen Facetten zeigt. Sich selbst finden, das heißt überall und zu jeder Zeit sich erkennen. Wir brauchen uns nirgendwo suchen, wir sind vollkommen da, wo wir gerade sind.

... BIS IN DEN HINTERSTEN ORT DES TIEFEN GEBIRGES ...

Der Ochse, unser wahres Sein, ist immer unter unseren Füßen. Wir aber schauen in der Gegend herum und suchen, wo er sein könnte. Wir bräuchten aber nur unter unsere Füße schauen.

Deswegen unsere Übung: dafür wach zu werden, das bewusste Gehen, einfach im Schritt sein, im Sitzen sein, im Atmen sein, im Essen sein. Wir erleben uns überall in dem Augenblick, wo wir ganz dieser Augenblick sind.

Dies zu verwirklichen klingt einfach und doch vergleicht der Dichter dies mit der Bändigung eines wilden Ochsen oder Wasserbüffels.

Die Größe eines Wasserbüffels, seine Kraft, seine Wildheit und seine Unberechenbarkeit, sie können einem Angst einjagen. Man kann sich leicht vorstellen, wie viel Mut und Bestimmtheit, wie viel Kraft und Geduld ein Hirte aufbringen muss, ihn zu bändigen. Gezähmt jedoch trottet er, als ob keine Gefahr von ihm ausgehen könnte, an einem dünnen Seil neben dem Hirten daher. Langsam und bedächtig zieht er geduldig den Pflug durch den trägen Schlamm. Seine ganze Kraft und sein ausdauerndes Wesen dienen ganz und gar den Menschen. Er hilft ihnen, ihren Reis anzubauen, ihr Grundnahrungsmittel, das sie nährt und in Hungerzeiten oftmals nur noch das Einzige war, das sie vor dem Tod rettete. Solch einen gezähmten Wasserbüffel zu besitzen, heißt, reich zu sein. Er sichert das Überleben. Ein wunderbares Bild für unser wahres Selbst, unseren Geist, der uns durch die Unwegsamkeiten des Lebens zieht und unseren Hunger nach Leben und Liebe sättigen kann. Die Liebe bedarf keines Objektes mehr, sie ist die Fülle selbst, die uns durchdringt, uns umhüllt und nach außen strömt. Doch unser Geist muss gezähmt sein, damit sich keine Absichten, kein Wollen dazwischenschleichen und alles sich wieder nur in Bildern ergießt.

Mit der Kraft des Ochsen umgehen zu können, muss daher gelernt sein.

Eines muss der Hirte beim Zähmen seines Ochsen wissen. Es geht nicht darum, ihm den Willen zu brechen, ihn zu einem kleinen Hündchen zu machen. Damit würde er ihm seine Kraft nehmen. Seine Wildheit zu bannen heißt, sie in Kraft und Entschlossenheit umzuwandeln. Dafür muss er ihn genau kennen, darf keine Angst vor seinem Ochsen haben, keine Unsicherheit ihm gegenüber zeigen, ansonsten würde dieser sogleich die Führung übernehmen und ihn wieder in das Dickicht zerren. Nur eine klare innere Haltung und ein großes Einverständnis mit dem Ochsen halten und leiten ihn. Von sich aus würde der Ochse seine Wildheit leben und nie in die Kraft verwandeln, einen Pflug zu ziehen. Der Hirte muss ihn dafür zähmen, der Ochse muss ihm folgen.

Meine Großeltern waren Bauern. Als mein Großvater im Krieg ein Bein verlor, musste meine Großmutter den Hof fast allein führen. Sie hatten keine Pferde, die den Pflug oder den Heuwagen zogen, sondern nur einen Ochsen. Er gehorchte meiner Großmutter aufs Wort, fügte sich ihren Anweisungen. War hingegen der Großvater mit dem Wagen unterwegs, wusste der Ochse sogleich, dass er seinen Willen durchsetzen konnte, und ging einfach nach Hause, wann es ihm beliebte. Es war bestimmt nicht die Behinderung meines Großvaters, die den Ochsen ermutigte, seine eigenen Wege einzuschlagen, meine Großmutter war eine kleine zierliche Frau, auch sie hätte nie und nimmer den Ochsen halten können. Es war ihre innere Klarheit, ihre Entschlossenheit, die sich auf den Ochsen übertrug und ihn ihr folgen ließ. Seine Wildheit ist gebannt durch die Entschlossenheit meiner Großmutter.

REICHT DOCH SEINE NASE IN DEN HIMMEL

Das Gleiche gilt für unseren Geist. Seine Wildheit ist der eines ungezähmten Ochsen gleich: ungestüm, sich aufbäumend, herrschend und niederreißend. Soll unser Geist uns durchs Leben ziehen, braucht es viel Geduld, Entschlossenheit und Durchhaltevermögen von unserer Seite her. Unser Geist besitzt die Wildheit und auch die Unberechenbarkeit eines Ochsen, doch gezähmt öffnet sich eine unermessliche Kraft und Größe. Folgt uns unser Geist, wird seine Größe zu unserer. Erst jetzt ist er für uns von großem Nutzen, wir können loslassen und zur Ruhe kommen, durchströmt von Liebe.

3. BILD – UMDENKEN UND ERWACHEN

SELBSTBESCHRÄNKUNG DURCH ALLES WISSEN, BENENNEN UND ORDNEN

In Gedanken und Bildern sein Leben zu leben heißt, dem Leben immer hinterherzulaufen wie einer köstlichen Karotte, um sie zu essen. Diese Lebenshaltung hat viele von uns fest im Griff. Durch diese Haltung erleben wir unser Leben nicht wirklich bewusst, was zur Folge hat, dass wir nach einiger Zeit das Gefühl haben, nicht wirklich gelebt zu haben. Dieser Mangel weckt in uns die Sehnsucht nach Liebe. Wir sehnen uns nach etwas Außergewöhnlichem, bei dem wir uns spüren, das uns in den Bann zieht und uns das Gefühl gibt, am Leben dran zu sein. Dem normalen Alltag sprechen wir meistens diese Lebendigkeit ab. Er erscheint uns zu gewöhnlich, zu eintönig. Ihn zu lieben scheint absurd. Er ist mit viel zu vielen Widerständen behaftet, was alles daran nicht stimmt und was besser sein sollte. Große Reisen, besondere Events, außergewöhnliche, schöne Menschen jedoch tragen den Geschmack des Lebens in sich. Jeden Montag weisen uns die Unterhaltungsprogramme der Radiosendungen darauf hin: Nur noch 5 Tage müssen wir hinter uns bringen, bis uns das Wochenende wiederhat. Dann kommt endlich wieder Spaß ins Leben. Unser Leben wird auf die Wochenenden oder auf den Urlaub verschoben. Die anderen Tage sind zum Überleben da, zum Aushalten, in der Erwartung auf das »richtige« Leben. Die Liebe zum Leben und zu den Mitmenschen wird zum Spaß- und Vergnügungsfaktor, wie Rilke es schon beschrieben hat.

Das ist die eine Seite; auch das Gegenteil kann von uns Besitz ergreifen. Die Beziehungen zu den Menschen sind nicht ganz so einfach. Es tut weh, nicht so angenommen und geliebt zu sein, wie man es sich wünscht. In der Arbeit aber bekomme ich vielleicht die Anerkennung, die ich mir wünsche. So schleicht sich schnell die Identifikation mit ihr ein. Durch sie bin ich wer, genieße Ansehen und Respekt. Jetzt nimmt die Arbeit einen Platz ein, der für die mitmenschliche Liebe oft keinen Raum mehr frei lässt. Die Arbeit wird zur Droge, mit der ich mich nicht mehr spüren muss, ich mich meinen Defiziten im mitmenschlichen Umgang nicht mehr stellen muss. Die Arbeitsanforderungen geben mir das Gefühl, wichtig zu sein, unersetzbar, während mich der Alltag zu Hause auf mich selbst zurückwirft. Hier werden von mir Seiten meiner Persönlichkeit gefordert, die zu leben mir schwerfallen. Ob Spaß oder Stress, beides wird auf die Dauer nicht wirklich befriedigend sein. Wir müssen zu viele Seiten des Lebens ausklammern. Fällt zudem der Spaßfaktor aus irgendwelchen Gründen weg oder ist die Arbeit nicht mehr möglich, haben wir nichts mehr, was unser Leben ausbalanciert, beginnt es zu wackeln. Ihr Verlust höhlt unser Leben aus, es verliert seinen Sinn und damit auch alle Lebensfreude. Es ist für unsere Zufriedenheit so notwendig, eine Lebenshaltung zu entwickeln, die nicht auf außergewöhnliche Momente beschränkt bleibt oder uns mit Scheuklappen herumlaufen lässt. Es geht darum, sich dem Leben, wie es sich uns gerade auftut, in jeder Situation hinzugeben und es anzunehmen. Hingabe und Annahme sind die Schlüsselworte.

Nur ein Hauch von Gedanke, dieses Leben, wie es sich jetzt zeigt, ist nicht mein Leben, zerstört die Hingabe und damit die Chance, das Leben als mein Leben anzunehmen. Zazen, das stille Sitzen, schult uns in dieser Haltung der Hingabe. Es zwingt uns, die Widerstände gegen das Leben aufzugeben. Es schult uns, Liebe zum Leben zu entfalten.

Im stillen Sitzen lernen wir, uns auf das zu konzentrieren, was gerade ist, und gleichzeitig klammern wir das, was um uns ist, nicht aus und auch nicht das, was in unserem Inneren aufsteigt. Alles nehmen wir wahr, wobei kein Gedanke an irgendeinem Phänomen, das durch unsere Sinnesorgane aufgenommen wird, haftet. Diese Geisteshaltung sollte stabil werden, dadurch wandelt sie sich und es kommt zu einer Präsenz, zu einer Bewusstheit. Aus der scheinbaren Aktivität, ich bin konzentriert und nehme wahr, wird eine Gegenwärtigkeit, die jeglicher Ich-Aktivität entbehrt. Aufmerksamkeit und Gewahrsein fallen zusammen zu einem einzigen So-Sein. Darin erleben wir: Nichts wird getan oder geschaffen, alles entfaltet sich, all die unendlichen Formen drücken sich ohne eine Selbstaktivität aus.

Diese Präsenz spiegelt die Zen-Haltung wider.

Leider können wir dieses »einfach nur bewusst da sein« nicht von unserem Kopf her befehlen, zu wild und ungezähmt ist noch unser Geist. Er weiß unentwegt zu jedem und allem etwas zu sagen, benennt alles, ordnet alles ein und setzt es in Beziehung.

Diese Aktivität schafft Chaos, obwohl sie das Gegenteil beabsichtigt. Unsere Bewertungen und Urteile sind konditioniert, sind begrenzt durch unsere eingeschränkte Wirklichkeitswahrnehmung. Diese Begrenztheit, diese Unwissenheit treibt unseren Geist in die Enge, er sieht sich eingeschränkt, wird darüber wütend, will etwas anderes, verzehrt sich in Neid und Gier, glaubt, er würde die Wirklichkeit erkennen, und erhebt sich über alle. Durch seine rastlose Aktivität erschöpft er sich und dämmert dumpf vor sich hin. Die Geistesgifte vernebeln seine Sicht noch mehr. Dem muss Einhalt geboten werden. Unser Geist muss still werden, damit er erkennt, was wirklich ist. Jeder Moment fordert den Geist heraus. Die Achtsamkeit muss zu einer Lebenshaltung werden. Das Bändigen selbst ist die neue Lebenshaltung.

Das bringt eine völlig neue Ausrichtung in unser Leben, jetzt geht es nicht mehr darum zu üben, um etwas zu erreichen. Es gibt kein Ziel, auf das wir hinarbeiten und dann sagen können, jetzt bin ich fertig. Die Übung wird von ihrem Anspruch, etwas erreichen zu müssen, gelöst. Uns Übenden hängt keine Karotte mehr vor der Nase, die es zu erhaschen gilt. Die Übung selbst ist die Karotte, die ich mit Genuss esse. Im Zähmen meines Geistes erlebe ich mich selbst, im Bändigen drückt sich mein wahres Wesen aus. Diese Art von Übung ist uns abhandengekommen. Als Kind war sie ganz selbstverständlich. Als Kind spielten wir nicht für ein Um-zu, wir spielten, weil wir spielten. Das Spiel war schon erfülltes Leben. Sogar die anstrengende Arbeit, Sandburgen zu bauen, war vollkommen und nicht erst, wenn die Burg stand. Mit zunehmendem Alter jedoch verändert sich diese Haltung. Auf einmal wird jede Anstrengung belastend und zur Mühsal, im Gegensatz zur Freizeit. Die Haltung: erst die Arbeit, dann das Spiel, erst die Mühsal und dann die Erholung, wurde zum gängigen Lebensgefühl. Diese Sichtweise führt zu einer unüberbrückbaren Teilung unseres Lebens: in belastende Anstrengung und erholsame Freizeit, aber auch in Liebe und Hass, in »mag ich« oder »mag ich nicht«. Zen will diese Gegensätze aufheben und übersteigen. Es macht aus den Polen keinen Einheitsbrei, nivelliert auch nicht die beiden Seiten. Sondern jede Ausdrucksform wird in der Zen-Haltung zu meinem Dasein, dem ich mich nicht widersetze, sondern es akzeptiere ohne Bewertung. Damit wird jeder Pol zu einem Moment, der zwar erscheint, doch keine Substanz hat. Dieses Zusammenfallen führt nicht in ein Nichts, sondern es übersteigt die Gegensätze, und unser wahres Wesen, jenseits aller Dualität, eröffnet sich. Dieses Übersteigen erleben wir als wirkliche Liebe, die nicht mehr dem Hass gegenübersteht, sondern ihn hinter sich lässt. Jesus nannte diese Liebe Feindesliebe, im Zen nennt man sie das große Mitgefühl. Dies zu leben, bedarf einer großen Wachheit, um nicht in die gewohnten Muster zu verfallen und zu unterscheiden und auszuwählen. Unser Geist setzt in Windeseile jedem Moment sofort ein Gegenüber entgegen. Sogleich frisst sich in unserem Kopf die Zwiespältigkeit ein, das eine wäre besser als das andere. Unser Leben erscheint damit immer als unvollständig. Dies kann uns das Wellenreiten veranschaulichen. Ein Wellenreiter erfährt in einem Moment, wie er in die Höhe getragen wird, und das andere Mal, wie er in die Tiefe stürzt. Ob hoch oder tief, in beiden Formen erfährt der Reiter den Ozean. Denkt jedoch der Wellenreiter auf der Höhe einer Welle an die Tiefe und in der Tiefe an die Höhe, wird er sogleich vom Brett fallen. Er kann immer nur den einen Ausdruck der Welle leben. Der Ozean wird im Zen immer als Bild für unser wahres Sein genommen, die Lebensformen stehen für die Wellen. Obwohl der Ozean sich unentwegt in einer neuen Welle zeigt, sich die Welle unentwegt verändert, ist er doch in allen Wellen immer derselbe, er ist darin unveränderlich und beständig. Er ist immer da, jedoch in keinem Moment der Gleiche.

Unser Geist, solange er ungebändigt ist, identifiziert sich mit jeder Welle, die ihm gerade gefällt oder auch missfällt. Er will sie festhalten, sie besitzen oder sie weghaben und klammert sich nur im Widerstand an sie. Die Welle festzuhalten ist eine Illusion und nur im Kopf als Bild möglich. In der Realität gibt es die Welle schon längst nicht mehr, wenn ich sie mit meinem Denken realisiert habe. Die Wirklichkeit widerspricht der Vorstellung. Wir leiden. Leiden aufzuheben fordert daher, am Geist anzusetzen, ihn vom Festhalten loszureißen. Unser Dichter nennt dies den Ochsen bändigen. Seine Wildheit zu zähmen bedeutet für unseren Geist, jede Welle ganz und gar anzunehmen und gleichzeitig loszulassen. Das Beständige ist der Ozean, das Leben selbst, das Vergängliche sind die Wellen, die für uns nur dann zum Problem werden, wenn wir sie halten wollen oder ihnen nicht begegnen wollen, obwohl sie auf uns zukommen. Sich dem Leben, dem Ozean hinzugeben, es anzunehmen, heißt: die Wellen zu reiten. Hier wird so deutlich, die Hingabe lässt uns erst die Liebe erfahren. Sie trägt uns, sie ist als Ozean immer da und gleichzeitig verändert sie sich unentwegt. Es ist so schwer, die Wellen sehen wir, den Ozean können wir nur in den Wellen erleben, wenn wir die Wellen sofort loslassen. So widersprüchlich es ist. Das Sichtbare ist das Nicht-Beständige und das Unsichtbare das Beständige. Wie sollten wir dem trauen können. Angst vor dem Tod, Angst vor dem Schmerz der Vergänglichkeit packt uns, denn keine Welle hat Bestand. Dennoch klammern wir uns lieber an die Bilder und halten sie für die letztgültige Wirklichkeit. Wir sperren sie in unsere Begrifflichkeit und Ordnungskonzepte ein und vergessen, dass sie nur die Erscheinungen des Ozeans sind und nicht der Ozean selbst.

Diese eingeschränkte Sichtweise des Lebens macht uns blind für die Wirklichkeit, wir sind unwissend. Diese Unkenntnis führt zu den unendlichen Missverständnissen. Diese sind leider nicht nur gedachte Fehlschlüsse, sie sind für uns existenziell. Sie vergiften uns und alles um uns herum mit. Ein Gift kann ich nicht herausziehen, wie einen Dorn. Ein Gift breitet sich aus und durchdringt alles. Gifte können nur neutralisiert werden. Dies fordert das Bändigen unseres Geistes.

KRAFT AUS DER OFFENHEIT INS UNGEWISSE

Auf einmal erklingt des Buschsängers helle Stimme oben im Wipfel.
Die Sonne strahlt warm, mild weht der Wind,
am Ufer grünen die Weiden.
Es ist kein Ort mehr, dahinein der Ochse sich entziehen könnte.
So schön das herrliche Haupt mit den ragenden Hörnern,
dass es kein Maler erreichte.

Das erste Gift, dem wir Herr werden müssen, ist unser falsches Wirklichkeitsverständnis. Es ist der Boden auf dem alle anderen Gifte wachsen. Leider ist es nicht mit einem intellektuellen Schritt getan. Unser ganzer Körper ist von der Unbewusstheit erfasst. So braucht das Erkennen der Wirklichkeit einen ganzheitlichen Ansatz. Mein Denken, mein Empfinden, mein Wollen, meine Wahrnehmung wie auch mein Körper sind eine Einheit. Sie zu bändigen beginnt damit, unsere Unwissenheit abzulegen. Wenn ich mich am Feuer gebrannt habe, ist dieses Erlebnis im wahrsten Sinne des Wortes in meinem Körper eingebrannt. Mein Körper weiß, was Feuer ist, weiß, wie sich der Schmerz anfühlt, und erkennt Feuer als solches. Wir müssen uns an der Erkenntnis brennen, wir müssen sie mit unserem ganzen Körper erleben. Erst dann kann die Unwissenheit wirklich verbrennen. Solange wir die Erkenntnis nur im Kopf denken, werden wir bei der kleinsten Irritation sofort wieder in die alten Muster des Anhaftens fallen. Erst durch ein neues Körperbewusstsein kann sich die neue Erkenntnis in jedem Moment verwirklichen.

Zen setzt daher beim Körper an. Die Übung zielt darauf, ganzheitliche Erfahrungen zu machen, die uns als Ganzes wandeln.

So setzt die Hauptübung des Zen bei Zazen, dem einfachen Still-Sitzen an. In ihm werden alle Körperfunktionen zur Ruhe gebracht. Der Körper ist still, doch die feinsten Regungen meines Denkens, meines Fühlens, meines Körperempfindens werden, ohne dass sie kommentiert werden, nur wahrgenommen. Die Stille des Körpers arbeitet sich in den Geist. Die Gedanken und Gefühle kommen zur Ruhe.

Zu Beginn werden wir jedoch bei dieser Übung erleben, wie

sich in uns alles sträubt. Diese stille Haltung widerspricht meinem gewohnten Sein. Dieses ist normalerweise zielgerichtet, arbeitet auf etwas hin, setzt auf alles eine Bewertung, findet das eine richtig, das andere falsch; zu allem und jedem hat unser Kopf etwas zu sagen. Unser Wollen drängt sich vor, wir wollen etwas erreichen, endlich zu der Erkenntnis kommen. In Zazen jedoch soll jetzt auf einmal unser Kopf alle Vorstellungen und Ziele loslassen, er soll aufhören zu kommentieren und alles so nehmen, wie es ist, nichts bevorzugen, nichts ablehnen. Undenkbar!

Diese Diskrepanz ruft Schmerzen hervor. Der Körper möchte aus der Ruheposition aufspringen, sich in seine gewohnte Haltung des Agierens zurückholen.

Wir bleiben sitzen, halten die Spannung aus. Wollen und Zulassen streiten in uns. Alles schmerzt. Wir halten dennoch aus, bleiben ruhig sitzen und lassen den Kampf der widerstreitenden Kräfte zu, lassen sie miteinander fechten, greifen nicht ein, möchten weder das eine noch das andere. Mit zunehmender Übung werden die Widerstände schwächer, sie verausgaben sich, ihr Drängen nimmt ab. Das Wollen und das Zulassen, sie geben auf. Jetzt ist es, wie es ist. Kein Wollen mehr, keine Absichten mehr, sich hingeben, zulassen, was geschieht. Hingabe geschieht.

Immer und immer wieder wehrt sich der Geist, will es anders, als es ist. Bis er wirklich aufgibt, das dauert. Doch: »Auf einmal erklingt des Buschsängers helle Stimme oben im Wipfel.« Wie der Kuckucksruf, wie der unerwartete Gesang der Nachtigall, nachts, wenn alle Tiere und die Menschen sich schon zum Schlafen gelegt haben. Es geschieht in einem Augenblick ohne Vorwarnung, ohne dass wir etwas dazu tun konnten. Die Vorstellung, durch Zazen die Stimme des Buschsängers zu hören, ist eine Illusion. Jedes Bestreben ist bereits das große Hindernis. Meine Erwartungen machen mich taub für den Klang. Das Erwachen zeigt sich auch nicht im Erscheinen eines Lichtes oder von Farben, von Stille oder Frieden, Dankbarkeit oder Liebe. Sie sind Begleiterscheinungen, die meinen Geist verlocken, sie sogleich wieder festzuhalten, und uns nicht weitergehen lassen. Sie sind so schön, in ihnen kann ich schwelgen. Doch es geht um das Aufwachen zu dem, was wir in Wirklichkeit sind, wo alle Unwissenheit wie Schuppen von den Augen fällt und sich uns die Sicht auf die Welt öffnet, wie sie wirklich ist, und nicht wie wir sie uns vorstellen. Dies erfordert von uns die Aufgabe allen Wollens.

In vielen Zen-Geschichten, in denen es um das Erwachen geht, wird immer wieder davon berichtet, dass die Zen-Schüler alle Hoffnung aufgegeben haben, nicht als aktiven intellektuellen Akt, nein es war ein ganzheitliches Aufgeben, vergleichbar mit dem Einsturz eines Kartenhauses, die die Bilder all unserer Vorstellungen und Konzepte tragen.

All ihre Kräfte waren erlahmt, sie konnten buchstäblich nicht mehr.

Zum Beispiel Meister Kyogen[5]. Er war ein Schüler von Meister Isan, der im 9. Jahrhundert im Alten China lebte. Kyogen tat sich als junger Mann sehr schwer mit der Zen-Praxis. Er war ein sehr intelligenter und gelehrter Mann und gerade diese Gelehrsamkeit stand ihm im Wege. Isan, sein Meister, merkte dies und sagte eines Tages zu ihm: »Was ist dein uranfängliches Angesicht, noch bevor dein Vater und deine Mutter geboren wurden?« Mit dieser Frage trieb Isan Kyogen in die Verzweiflung. Es wird erzählt, dass er alle seine Bücher und Schriften wälzte, um eine sinnvolle Antwort zu geben, aber nirgends war etwas zu finden. Verzweifelt ging er zu Isan und bat ihn, ihm doch die Lösung zu sagen. Isan jedoch meinte nur: »Es wäre mir ein Leichtes, dir die Antwort zu geben, das würde dir jedoch nicht weiterhelfen, denn Wissen ist noch weit entfernt von Erfahren und das Wissen würde dich wieder daran hindern, es selbst zu erleben. Deswegen könntest du mir später große Vorwürfe machen.« Kyogen war so verzweifelt, dass er seine Bücher und Schriften verbrannte, sich in eine Einsiedelei zurückzog und versuchte, durch die alltäglichen Arbeiten zur Ruhe zu kommen.

Verzweiflung erfasst wohl jeden von uns irgendwann einmal in seinem Leben, ja manche Menschen sind in sie so verstrickt, dass Hoffnungslosigkeit zur Grundstimmung ihres Lebens geworden ist. Verzweiflung tritt ein, wenn uns jegliche Hoffnung abhandengekommen ist, wir alle Sicherheit verloren haben und keinen festen Boden mehr unter unseren Füßen spüren.

Wie oft haben wir doch das Gefühl, jeglichen Halt zu verlieren.

Im Alltag wird die Verzweiflung als unerträglich angesehen. Wir möchten sie, wo es nur geht, vermeiden und nicht am Ufer der Hoffnungslosigkeit oder der Resignation stranden. Im Zen hingegen ist die Verzweiflung ein wichtiger Punkt, zu dem uns unsere Übung auch bewusst hintreiben will. Gerade die Erfahrung völliger Verzweiflung wird im Zen als Voraussetzung gesehen, alles Denken zu überschreiten.

Solange wir noch einen Anker haben, an dem wir uns festhalten können, hat unser Ich noch etwas, und wenn es nur ein Strohhalm ist, an den es sich klammert, und lässt uns keine neuen Erfahrungen machen. Solange unsere Vorstellungen noch tragen, werden sie nicht zunichte gemacht und blockieren den nächsten Schritt.

Wir glauben, unsere Vorstellungen geben uns Halt, wir versuchen mit ihnen die Welt zu erklären, bauen uns mit ihnen eine scheinbare Sicherheit auf. Fällt das Außen weg, flüchtet man ins

Spirituelle und baut sich dort unglaublich viele Konzepte auf, im Glauben, Vorstellungen losgelassen zu haben. Da gibt es dann statt Reichtum und Macht geistigen Gewinn, der ja viel höher ist als die weltlichen Dinge.

Es ist immer der Versuch unseres Kopfes, die Welt zu begreifen, sie zu verstehen und dadurch handhabbar zu machen. Klappt es im Außen nicht, gehen wir nach innen und bauen uns dort eine göttliche Ordnung auf. Aber auch mit ihr täuschen wir uns, halten an Bildern und Vorstellungen fest, die aus der Angst vor der Vergänglichkeit geboren sind.

Der große Schritt, der von uns verlangt wird, ist, sich der Vergänglichkeit zu stellen, nichts mehr in Händen zu haben.

Alle Formen, alle Vorstellungen sind der Vergänglichkeit und dem Wandel unterworfen. Jede Sekunde erscheint und vergeht zugleich, dem Tag folgt die Nacht und der Nacht der Tag, die Jahreszeiten spiegeln ebenfalls diesen Wandel wider.

Solange wir uns nach Dauerhaftigkeit und Beständigkeit sehnen, verschließen wir unsere Augen vor der Wirklichkeit und müssen uns krampfhaft bemühen, uns diese Beständigkeit aufzubauen. Doch das Einzige, was beständig ist, ist der Wandel. Aber auch der Wandel kann sogleich zum Konzept werden und muss aufgegeben werden.

Verzweiflung ist daher im Zen ein wichtiger Schritt, unsere Vorstellungen zunichte zu machen. Verzweiflung heißt im Zen, alle Bilder über das Leben loszulassen. Hoffnungslosigkeit ist jedoch nicht die Folge einer solchen Haltung des Loslassens. Es ist die radikale Akzeptanz, nichts mehr in Händen zu halten. Es ist die Übung, die Verzweiflung auszuhalten, uns für den Wandel und die Vergänglichkeit zu öffnen.

Daher bleiben wir trotz aller Zweifel in Zazen, halten aus und durch. Die Konzepte werden ausgesessen, sie fallen ab und wir schauen auf die Wirklichkeit ohne die Brillen unserer Vorstellungen.

Nimmt man das Wort Hoffen einmal unter die Lupe, liegt in ihm »offen«. Wir tun gut daran, es mit »offen sein« zu beschreiben. Dann ist Hoffnung: bereit sein. Hoffnung ist nicht, sich neue Vorstellungen zu machen, die vielleicht irgendwann eintreten mögen. Hoffnung ist eine Offenheit ins Ungewisse. Hoffnungslosigkeit ist gerade das Gegenteil, nämlich nicht mehr offen für etwas Neues. Offen zu sein bedarf des Vertrauens. Machen wir uns keine Vorstellungen von besseren Zeiten und besseren Umständen, sondern sind in einer Offenheit präsent nach dem Motto, »ich bin gespannt, was geschieht«, dann entfaltet sich die Kraft, sich dem Nicht-Wissen hinzugeben.

Als das Alte Israel von den Babyloniern besiegt wurde und fast die ganze Bevölkerung nach Babylon deportiert wurde, verkündete der Prophet Jeremia:

> »Gebt eure Hoffnung auf, nach Hause zurückzukehren, baut hier in der Fremde eure Wohnungen, bestellt eure Äcker hier, lebt jetzt und nicht in der Hoffnung auf ein Leben, das ihr nicht erleben werdet.«

Nehmen wir die Wirklichkeit mit ihrer Vergänglichkeit und dem Wandel an, werden wir fähig, im Augenblick zu leben. Wir nehmen sogar den Schmerz an, wir weinen, wir trauern. Wir sind aber zugleich offen und bereit, den Wandel dieses Schmerzes wahrzunehmen, nicht im Schmerz zu verweilen, in ihm zu versinken und den Schmerz zum Leid werden zu lassen.

Leben aus dem Zen-Geist heraus heißt daher, in den Fluss einzutreten, mit ihm mitzufließen.

Es gibt bei Paulus im 1. Korintherbrief eine Stelle, dort heißt es: »Jetzt bleiben aber Glaube, Hoffnung und Liebe.« (13,13)

Ich übersetze diese Worte gerne mit Vertrauen, Offenheit und Hingabe. Sie gleichen den drei Pfeilern des Zen: Vertrauen, Zweifel und Fortschreiten in der Übung.

Das Vertrauen ist unsere Grundhaltung. Wir steigen aus dem Bett im Vertrauen, dass der Boden uns trägt, wir atmen, in dem Vertrauen, dass die Luft uns erfüllt. Unser ganzes Leben ist durchdrungen vom Vertrauen in das Leben selbst.

Doch dieses Vertrauen stützt sich sehr schnell auf unsere Vorstellungen von dem Leben, die uns glauben lassen, alles zu wirken und in Händen halten zu können. Dieser Illusion folgen unweigerlich die Zweifel. Jetzt ist Offenheit gefragt. Diese kann uns manchmal Angst machen, wir können nicht berechnen, wie das Leben sich gestaltet. Uns bleibt nichts anderes übrig, um lebendig zu bleiben, als uns in der Offenheit dem Nicht-Wissen hinzugeben.

Kyogen lebte in der Verzweiflung und zugleich in der Offenheit, sich einfach dem Leben ohne Vorstellungen, ohne irgendeine Ahnung zu haben, was es soll, hinzugeben. Er wusste, sein Verstand trägt ihn nicht mehr.

Alle Konzepte des Lebens hatte er verloren und er ließ sich ohne irgendeinen Anhaltspunkt, eines noch so geringen Wissens auf das Leben ein und darin erfuhr er: Es gibt nichts anderes als diesen einen Augenblick, den Augenblick des Handgriffs.

Die Tasse hochheben, einen Schluck trinken, den Besen aufnehmen und Strich für Strich den Boden reinigen. Und genau in diesem Augenblick geschieht es. Ein Stein springt auf, prallt gegen einen Bambusstamm und Kyogen erfährt: Es gibt »nur dies«.

Er geht aus seinen Gedanken, geht ins konkrete Tun. Er wird ohne jegliche Unterscheidung, ohne Distanz ganz eins mit seinem Tun.

In dem Moment springt ein Kiesel an einen Bambus, eine Pfirsichblüte blüht auf, der Schlag eines Stockes erklingt, der Vorhang der Konzepte reißt entzwei. Der Klang des Buschsängers, nur ein Moment, er genügt, die Gedankenkette zu unterbrechen. Dieses Erwachen geschieht in den seltensten Fällen in der Zazen-Haltung. Zu stark ist in ihr oft noch der Wille, etwas zu erreichen. Zazen trocknet jedoch das Wollen aus, sodass unverhofft der Klang des Buschsängers vernommen werden kann.

Der Buschsänger sitzt hoch oben auf dem Wipfel, nicht sichtbar für uns, und doch ist es sein Schrei, der uns die Decke der Unbewusstheit ganz plötzlich wegreißt. Blitzartig raubt er all unsere Konzepte. Diese Plötzlichkeit, dieses Unerwartete liegt im Augenblick und wird im Zen immer betont. Buschsänger wird auch ein lockeres Holz im Dielenboden eines japanischen Klosters genannt, unter dem eine Glocke liegt.

Schleicht sich ein Dieb hinein, ist es wahrscheinlich, dass er unversehens auf dieses lockere Holz tritt, die Glocke wird angeschlagen, alle wachen auf. Paulus[6] schreibt in einem seiner Briefe, das Erwachen komme wie der Dieb in der Nacht, völlig unerwartet.

Das Erwachen ist ein Moment, das, was man ist, ganz zu sein, und das, was man tut, ganz zu tun ohne Kommentar, Urteil oder Benennung. Es hat mit Ekstase nichts zu tun. Im Grunde genommen ist es das Natürlichste der Welt. Alle Illusionen verschwinden und die Wirklichkeit zeigt sich unverhüllt.

Da zu sein, zu tun, was man tut, hört sich so banal an, und doch ist es so unglaublich schwer für uns, da wir mit unserem Kopf immer woanders sind. Wir bekommen nicht mit, dass wir jetzt essen, gehen oder sitzen. Immer sind wir in unseren Gedanken davor oder danach. Auch wenn wir sagen, wir sind ganz beim Kauen, denken wir, wie gut und gesund das Kauen doch ist. Wirklich Kauen zu sein, erscheint unserem Geist zu langweilig, er kommentiert alles und setzt es sogleich zu allem anderen in Beziehung.

Eigentlich ist Zen ganz einfach. Doch unser Geist ist so kompliziert, dass das ganz Einfache für ihn so unglaublich schwer ist. Unser Geist gibt zu allem seinen Kommentar ab und meint, das, was jetzt ist, kann es noch nicht sein.

Das zu sein, was man gerade ist. Dieses ganz Einfache wieder zu lernen, diese Unmittelbarkeit wieder zu erleben, ist unsere Übung. Wir richten unseren Geist auf das aus, was gerade ist. Rechter Fuß, linker Fuß, Einatem kommt, Ausatem geht. Manchmal können wir das Hilfsmittel MU dazunehmen: Einatem kommt, MU, Ausatem geht, MU, kein Gedanke schleicht sich ein. MU bringt uns in den Augenblick und schneidet gleichzeitig alle Bewertungen und Unterscheidungen ab.

Das Erwachen geschieht.

DIE SONNE STRAHLT WARM, MILD WEHT DER WIND

Der Frühling bricht an, die harten Knospen brechen auf, ganz kleine, zarte Blättchen schieben sich heraus. Wie die Knospen sich öffnen, so öffnet sich unser Herz. Das Öffnen des Herzens bedeutet im Zen, sich weder vor dem, was ist, zu verschließen, noch sich danach zu verzehren. Das Herz wird ruhig, weder Ablehnung noch Zuneigung lassen es höherschlagen. Es nimmt alles so an, wie es ist. Freude als Freude, Schmerz als Schmerz. Jetzt werden wir verletzbar. Solange die Knospen hart und verschlossen sind, kann ihnen Regen, Frost, Schnee und Kälte nichts anhaben; in dem Moment aber, wo die Knospen aufbrechen und der Hagel daraufschlägt, kann es sein, dass sie verletzt werden.

Das ist unser Erwachen, wir öffnen uns dem Leben und werden verletzbar. Wir haben immer wieder Verletzungen in unserem Leben erlebt. Diese Schläge haben sich in uns eingeprägt, sie machen uns Angst, sodass wir uns zumachen. Wir legen uns einen Panzer an, um den Schmerz nicht mehr spüren zu müssen. Dieser Panzer schneidet uns jedoch auch von den grünen Weiden, von dem sprießenden und sprossenden Leben ab. Der Frühling erweckt uns zum Leben, und gleichzeitig öffnet er uns für alles, was geschieht.

Buddha sagte einmal, es gehe nicht darum, dass das Leben keinen Schmerz mehr kennt, sondern dass wir, indem wir den Schmerz annehmen und loslassen, das Leid aufheben.

Als Kinder lernen wir in den Spielen sehr schnell, dass man verlieren kann. Zu Beginn ist das für die meisten Kinder kein Problem. Erwacht jedoch das Ich, wird das Verlieren als Versagen und Zurücksetzung unseres Ichs erlebt. Das Ich ist gekränkt und das Verlieren tut weh. Manches Kind traut sich daher nicht mehr mit anderen zu spielen, aus Angst, den Schmerz des Verlierens spüren zu müssen. Es wäre so einfach, könnte unser Ich das Verlieren annehmen, der Schmerz löste sich sogleich auf.

Tritt Schmerz auf und wir gehen in den Schmerz hinein und nicht in den Widerstand, verändert sich der Schmerz. Damit bleibt er nicht im Körper stecken und setzt sich in ihm nicht fest. Meistens aber ziehen wir uns sofort in uns zurück, verschließen den Schmerz in uns. Dort schmerzt er innerlich weiter. Trifft eine andere Verletzung auf diese Wunde, zerrt die Erinnerung an dem vergangenen Schmerz und lässt die Verletzung noch größer werden. Jeder Schmerz sollte »ausgeschmerzt« werden, sollte beweint werden, nur das Salz der Tränen kann die Wunden zuziehen. Wir haben oft Angst, Verletzungen behindern uns in unserem Leben, doch wir können aus ihnen, sind sie »durchschmerzt«, auch neue Kraft schöpfen.

Die Blumen in der Natur leiden oft unter dem Wetter, sie müssen einen Hagelschauer aushalten oder die brennende Sonne. Diese »natürlichen« Blumen haben eine intensivere Farbe als die Glashausblumen, sie duften, sind zwar nicht so groß wie ihre Gefährtinnen aus der Zucht, doch kräftiger im Wuchs und sogar nach großen Verletzungen können sie an der wunden Stelle wieder neu austreiben. Ihre Schönheit ist überwältigend.

Das kann auch für uns gelten.

»Die Sonne strahlt warm…«. Es ist keine Hitze und keine Kälte, die uns zusetzen. Es ist eine wohlige Wärme, die über uns kommt. Hitze und Kälte stehen im Zen für starke Emotionen. Wir können fast wahnsinnig vor Wut sein und daran innerlich verbrennen. Der Hass kann uns zur Eiseskälte erstarren lassen. Erwachen wir, scheint die Sonne warm. Es ist uns warm ums Herz, wie es auch bei uns im übertragenen Sinne heißt. Es ist warm ums Herz, das Herz geht auf, wir sehen die Welt im Sonnenlicht und nicht aus dem Blickwinkel der Dumpfheit. Gleichzeitig weht der Wind mild. Wir kennen zu gut, wenn es in uns stürmt und tobt, sich alles in uns gegen die Welt aufbäumt. Doch wenn der Wind mild weht, ist unser Geist milde, keine Abneigung und keine Vorliebe lässt ihn mehr hochfahren, ihn aufbrausen, ihn unbeherrscht über die anderen hinwegbrausen. Das belebt.

Jetzt wird die Welt grün. Jetzt wird sie farbig. Das Bild des Erwachens. Es ist kein Blitz, der aus dem Himmel niederfährt. Es ist die Klarheit, es ist eine Offenheit, es ist die Gelassenheit und die Lebendigkeit, die uns erfüllen. Liebe ist ein Wort, das all diese Empfindungen umfasst.

»Und es gibt keinen Ort mehr, dahinein sich der Ochse verstecken könnte.« Diese Zeile tauchte schon im zweiten Bild auf. Das alles umfassende Sein birgt alles in sich, das Suchen, das Verwirrtsein, die Wildnis, das grünende Ufer. Es gibt keinen Ort, keine Erscheinung, die nicht als der Vollzug dieses Seins erkannt werden könnte. Alles ist.

Hier kann sich in uns Widerstand regen.

Es gibt viele Dinge, die für uns unerträglich sind, die nicht einfach auszuhalten sind. Wir müssen uns gegen sie wehren, ihnen Einhalt gebieten. Können wir wirklich alles zulassen, müssen wir nicht vieles verurteilen?

Zulassen, das sollten wir uns immer vergegenwärtigen, heißt im Zen nicht, alles gutzuheißen, sondern zu akzeptieren, dass es so ist. Daraus geschieht ein Handeln. Dieses Handeln ist nicht vorhersehbar, nicht vorherbestimmt. Es kann einmal eine Zuwendung sein, das andere Mal eine Ablehnung, es kann einmal ein Nein und einmal ein Ja sein. Das weiß ich nicht, es geschieht aus der Präsenz heraus und mein Handeln entspricht dann dem Augenblick.

Ich erlebte einmal, wie ein Herr zu mir ins Einzelgespräch kam. Er wickelte aus einem großen Tuch Messer aus und kündigte einen Amoklauf im Zendo an. Im ersten Moment merkte ich, wie Angst in mir aufstieg. Die Situation war so dramatisch, dass sie meinen Verstand überstieg. Plötzlich fiel ich in eine Präsenz, die sogar die Angst überstieg. Ich hatte kein Deutungsmuster mehr, sodass ich in ein Nicht-Wissen fiel, ich war innerlich völlig leer, kein Gedanke stieg mehr auf. Aus dieser Leere heraus entsprang auf einmal ein Sprechen. In einem mir unbekannten scharfen und bestimmten Ton befahl ich, die Messer einzupacken und nie wieder zu erscheinen. Die Worte wurden gehört, der Mann folgte meinen Anweisungen.

Natürlich kann man jetzt sagen, das war Zufall, aber ich bin mir sicher, dass aus dieser »leeren« Haltung heraus eine Kraft erwuchs, die sich in klaren und entscheidenden Worten widerspiegelte. Ich hatte in der Situation keine Kraft, bestimmt zu sein, ich schuf auch nicht die Kraft aus Überlegungen heraus. Die Kraft stieg aus dem Nicht-Wissen auf, in dem nicht einmal mehr Angst Platz hatte. Dieses Erlebnis zeigte mir, dass die Haltung »es ist, wie es ist« keine Tatenlosigkeit hervorbringt, keine Resignation ist, sondern aus ihr entsteht ein Handeln, das dem Augenblick angemessen ist, das ich jedoch nicht vorherbestimmen kann, wie es zu sein hat.

Meister Nansen[7] sagte zu Jôshû, den Weg wissen wir nicht. Glauben wir, etwas zu wissen, haben wir schon wieder ein Konzept. Ein Konzept jedoch kann dem Augenblick nicht entsprechen. Im Nicht-Wissen zeigt sich der Weg. Der Weg ist der Augenblick, in dem sich Himmel und Erde begegnen, wie Konfuzius[8] sagte. Er tut sich im Moment auf. Der Weg liegt nicht vor mir, sodass ich ihn sehen könnte, er liegt unter meinen Füßen, sagt Tozan[9]. Ich kann nicht wissen, was ich tun muss. Ich lasse mich auf das, was ist, ein, ich erlebe den Moment.

Diese Haltung macht etwas mit uns.

DASS ES KEIN MALER ERREICHTE

Wir erleben uns erhaben. Das kann kein Maler malen. Erhabenheit zu malen wirkt schnell wie Stolz, als ob man sich über andere erheben möchte. Aber das ist nicht unsere neue Haltung. Im Metta-Sutta, der Lehrrede des Buddha über die Güte, wird diese Haltung wunderbar beschrieben: energisch, aufrecht, unbeirrt, doch sanft und ansprechbar und ohne Stolz. So kann unser Hirte das Bändigen seines Ochsens fortführen. Er braucht sich nicht verstecken, er stellt sich seiner selbst und seiner Aufgabe, nichts braucht mehr versteckt werden, nichts hinter das Licht geführt werden. Klar und selbstleuchtend ist mein Geist.

4. BILD – STAUNEN

DAS AUSSEN IST DAS SPIEGELBILD DES INNEN

Auch wenn das Außen instabil ist, wir uns auf nichts stützen können, heißt das nicht, dass wir das Außen, die unendlichen Formen dieses Lebens, nicht ernst nehmen sollten. Dogen Zenji[10] verweist gerade auf die Dinge im Außen und ruft uns auf, uns von ihnen erwecken zu lassen. Er sagt:

> »Zen zu studieren heißt, sich selbst zu studieren.
> Sich selbst zu studieren heißt, sich selbst zu vergessen.
> Sich selbst zu vergessen heißt, sich von allen Dingen erwecken zu lassen.«

Auf dem spirituellen Weg lauert die Gefahr, die Meditation nur als innerlichen Prozess zu betrachten, sich auf sein Inneres auszurichten, in ihr zu sich selbst zu kommen und zu glauben, unser Innen sei der einzige Ort, an dem man sein Heil finden könne. Die Welt draußen wird als nicht wirklich und mit der Zeit sogar als abschreckend zurückgewiesen. Mit einer solchen Haltung zieht der spirituelle Weg uns aus der Welt und von den Menschen weg. Das Seelenheil wird nur noch in sich selbst gesucht, und wenn in der Welt, dann nur unter Gleichgesinnten.

Mit solch einer Einstellung hat Zen nichts zu tun. Es trennt gerade das Innen nicht vom Außen, baut keine zwei Pole auf, die sich feindlich gegenüberstehen. Im Gegenteil: Zen sieht das Außen als das Spiegelbild des Innen und umgekehrt. Das Außen wird zum Innen, das Innen zum Außen. Es gibt keinen Bereich mehr, wo ich mir nicht selbst begegnen könnte. Dies ist kein Glaubenssatz, keine vorgegebene Regel. Die wechselseitige Abhängigkeit von Innen und Außen ist ganz konkret erlebbar. Jeder von uns kann dies erfahren. Wir alle nehmen die Welt anders wahr. Jeder von uns sieht sie so, wie er denkt und wie er geprägt ist.

> Ein Indianer ging einst mit seinem weißen Freund durch die Stadt. Sie kamen an einem Haus vorbei, das ganz mit Efeu bewachsen war. Der Indianer blieb stehen und hielt seinen Freund an. »Hör«, meinte er. »Ich höre nichts«, erwiderte sein Freund. Der Indianer trat näher zu der Hauswand, vorsichtig schob er ein paar Blätter zur Seite. Ein Vogelnest trat in Erscheinung voll mit kleinen frisch geschlüpften Vögelchen, die aufgeregt piepsten. »Du hast vielleicht ein gutes Gehör«, meinte der Freund, »ich hatte nichts gehört.« Sie gingen weiter, auf einmal blieb der weiße Freund abrupt stehen und bückte sich: »Schau, was ich gefunden habe.« Er hielt seinem farbigen Freund ein Geldstück entgegen. »Oh« meinte dieser, »das habe ich nicht gesehen.«

Wie sieht es bei uns mit der Liebe aus. Sehen wir sie im Leben?

Erwachen bedeutet, Neues zu entdecken, völlig unbekannte Seiten in sich wahrzunehmen. Das Außen kann, wie Dogen Zenji es beschreibt, zum Erkennen meines eigenen Selbst werden. Dafür brauchen wir jedoch eine neue Geisteshaltung. Solange wir in unseren Gedanken kreisen, unsere Vorstellungen pflegen, sehen wir nichts anderes im Außen als diese selbst. Zen will unsere Sicht weiten. Durch das Durchschauen der Gedankenmuster öffnet sich uns eine neue Welt, offenbart sich uns unser wahres Selbst, nicht als eine andere Welt, sondern als die, die sie ist, und nicht als die, für die ich sie halte.

Das Außen ist die Spiegelung meines Geistes. Ich sehe mich selbst im Außen. Sogar meine Meinungen und Konzepte spiegeln sich. Die Übung ist daher, alles als Spiegelungen wahrzunehmen, ohne sich damit zu identifizieren. Ein Spiegel gibt keinen Kommentar ab, sagt nichts zu dem, was in ihn hineinfällt, nörgelt nicht, lobt nicht. Der Spiegel gibt alles eins zu eins wieder. Auch unsere Kommentare und Bewertungen, unsere Einordnungen und Unterscheidungen – auch sie sind nichts anderes als die Spiegelungen unseres Geistes. Dies zu erfassen, entfaltet den Spiegelgeist. Das ist die Übung des Zazen. In ihr versuchen wir, alle Vorstellungen und Konzepte, Ängste und Muster, die sich im Laufe des Lebens gebildet haben, als solche zu identifizieren und sie nicht auf sich selbst zu beziehen. An vielen Stellen wird diese Übung beschrieben als Putzen des Spiegelgeistes. So hörte ich, dass es in Buthan in einigen Schulen sogar das Schulfach »Geist putzen« gibt.

Auch eine Äbtissin des Frauenklosters Tokoeji in Japan machte im 16. Jahrhundert dieses Spiegelputzen in eigentümlicher Weise zum Mittelpunkt ihrer Übung. So ließ sie in ihrem Meditationsraum einen großen Spiegel aufstellen. Das war nicht nur sehr ungewöhnlich, sondern fast schon ein Frevel. Mönchen und Nonnen ist es verboten, sich in einem Spiegel zu betrachten. Dies rufe nur Hochmut, Stolz und Wichtigtuerei hervor. Diese Äbtissin benutzte jedoch genau einen Spiegel als Übung, um sich selbst zu erkennen. Auch ihre Nonnen mussten sich täglich darin anschauen, was sich als eine sehr schwere Übung herausstellte. Anfangs schaute man sich noch wohlwollend an, bald jedoch kamen schon leichte Zweifel auf: »Bin ich wirklich die, die ich da sehe?« Mit der Zeit tauchten dann in dem Spiegel immer mehr Seiten auf, die es schwer machten, nicht wegzuschauen, sondern von den Übenden forderten, sich auszuhalten.

Als eine Zen-Priesterin in den USA von dieser Praxis hörte, wollte sie diese Übung probieren und darauf achten, was sie mit ihr macht.

Ein paar Tage vor ihrem 59. Geburtstag blickte sie in den Spiegel, um herauszufinden, ob sie alt aussehe. Sie fragte sich: »Bin ich alt? Was ist überhaupt alt?« Sie machte diese Übung sieben Tage lang täglich fünf Minuten. Sie erlebte etwas ganz Besonderes: Das Spiegelbild wandelte sich. Ihr Geist veränderte sich. Am ersten Tag sah sie nichts, weil sie Angst hatte, eine alte Dame zu sehen. Ihre Augen wanderten ständig weg.

Am zweiten Tag verbrachte sie die Zeit damit, sich die Haare aus dem Kinn zu zupfen. Sie konnte sie deutlich sehen: weiße Haare, die sich von ihrer dunklen Haut abhoben. Das war eine nette Ablenkung.

Am dritten Tag dachte sie: »Ich sollte eigentlich mein Haar wachsen lassen, damit die ausgedünnten Stellen verschwinden.« Ihr fiel ein, dass die Haare ihrer Mutter, als sie in ihrem Alter war, an den gleichen Stellen

ausgedünnt waren. Aber sie war eine andere, sie war nicht ihre Mutter. Sie war auch noch keine alte Dame.
Als sie am vierten Tag in den Spiegel blickte, fragte sie sich: »Wie sieht eigentlich eine alte Dame aus?« Nun machte sie sich auf den Weg, Frauen, die ihr draußen in der Stadt begegneten, gründlich zu betrachten und sich zu fragen, welche alt aussahen und welche nicht.
Am fünften Tag kam sie zu dem Schluss, dass sie selbst auch schon alt sein musste, denn die Haut an ihrem Hals fing bereits an zu erschlaffen. Das hatte sie bei den alten Frauen draußen in der Stadt gesehen.
Am sechsten Tag sah sie sich an und weinte vor dem Spiegel. Sie fühlte genau, dass sie nicht verhindern konnte, vom Alter eingeholt zu werden. Und auf einmal tauchte sogar die Angst vor dem Tod auf.
Am siebten Tag sah sie diese Angst. Ihre Lippen waren zusammengepresst und ihre Augen blickten furchtsam in den Spiegel.
Jetzt bemerkte sie, wie schwer es war, sich wirklich im Spiegel zu betrachten, zu sehen und dazu zu stehen, wer man ist. Sie übte weiter, sah sich weiterhin an, wich sich nicht aus und erlebte, wie sie sich mit jedem Tag mehr und mehr annehmen lernte. Damit geschah eine Wandlung, sie konnte sehen, wie die Angst zurückwich, die Lippen sich leicht öffneten, die Augen glänzten, das Alter sich zur Reife wandelte.
Sich anzusehen, sich auszuhalten, bis wir sagen können, es ist so, das bedeutet, den Spiegel-Geist zu entfalten.[11]

Sich sehen ohne Bewertung, ohne Vorliebe, ohne Abneigung. Eine Übung, die nicht leicht ist und doch zur Befreiung führt. Diese Erkenntnis bedarf der Übung der Bewusstheit. Der widerstreitende Geist muss gezähmt werden, damit er die Dinge kommentarlos widerspiegelt, ja sogar seinen Kommentar als Spiegelbild entdeckt.

Wir können uns leider diese Geisteshaltung nicht befehlen. Es reicht nicht zu denken, jetzt höre ich auf, alles zu kommentieren. Die Geisteshaltung ist nicht beschränkt auf unser Denken, es ist der ganze Körper, der sie lebt. Diesen in eine andere Haltung zu versetzen ist nicht so einfach und wir täuschen uns sehr leicht, wenn wir glauben, das, was wir wissen, könnten wir schon leben.

DURCHHALTEN LOHNT SICH

Nach höchsten Mühen hat der Hirte den Ochsen gefangen.
Zu heftig noch dessen Sinn, die Kraft noch zu wütend, um leicht seine Wildheit zu bannen.
Bald zieht der Ochse dahin, steigt fern auf die hohen Ebenen,
bald läuft er weit in tiefe Stätten der Nebel und Wolken und will sich verbergen.

NACH HÖCHSTEN MÜHEN

Was für eine Beschreibung! Tatsächlich prägen Mühen den Weg der Bewusstwerdung. Es ist wirklich ein beschwerlicher Weg, der uns auferlegt ist. Es braucht Disziplin, Mut und Kraft, Durchhaltevermögen und Geduld.

Können wir das Leben in seiner Wechselwirkung, mühsam und leicht, annehmen, verwandeln sich die Beschwerlichkeiten zu einem Ausdruck des Lebens und sind nicht eine Behinderung meines Lebens. Es gibt Zeiten, in denen uns alles leichtfällt, und es gibt Zeiten, in denen alles schwer ist. Keine Zeit ist beständig, keine Form hält an, es sei denn, sie hat sich in meinem Kopf eingenistet.

Der Mensch ist ein offenes Wesen, er ist nicht festgelegt wie ein Tier, das zum Beispiel sehr schnell laufen oder schwimmen kann. Beim Tier sind bestimmte Fähigkeiten stark ausgebildet, diese beherrscht es bereits kurz nach der Geburt perfekt. Der Mensch hat keine so hervorstechenden Seiten. Was er können möchte, muss er erlernen und einüben. Worin der Mensch sich nicht übt, bis es sich im Körper verankert hat, beherrscht er nicht und er verlernt es auch wieder, wenn er es nicht immer wieder praktiziert.

Übung jedoch braucht Selbstdisziplin. Sie verlangt, dass wir an einer Sache dranbleiben, bis sie sich »verkörpert« hat. Ausdauer und Durchhaltevermögen sind unabdingbar. Ist das negativ?

Kleinkinder mühen sich gern ab. Lernt ein Kind laufen, fällt es hin, steht wieder auf. Unendlich oft versucht es diesen Ablauf, bis es stehen und laufen gelernt hat, es lässt sich nicht beirren. Die Anstrengung hat bei Kindern noch keine negative Bewertung, das gehört einfach dazu. Sehr nett ist zu beobachten, wenn ein Kind mit dem Dreirad fährt, bei dem die Eltern hinten an einer Stange schieben. Das Kind bemerkt nicht, dass es geschoben wird, es strampelt wie wild, um vorwärtszukommen. Es strengt sich an, es macht ihm große Freude. Oder wenn ein Kind im Sandkasten mit dem Bagger spielt, stöhnt es richtig vor lauter Anstrengung. Sich mühen gehört zum Leben. Mit zunehmendem Alter bekommt dies jedoch einen üblen Beigeschmack. Üben wird außer bei Spiel und Sport zu einer Last und wir neigen schnell dazu, aufzugeben: »Es macht einfach zu viel Mühe, das lerne ich nie.« Enttäuschung nimmt immer mehr Raum ein, Lustlosigkeit folgt und die Vorstellung macht sich breit: Was nicht Spaß macht, das ist nichts für mich. Jede Übung jedoch droht langweilig und anstrengend zu werden, wenn der erste Elan vorüber ist, sie sich immer und immer wiederholt oder mühsam wird, weil der Körper sie noch nicht kann. Und dann taucht der Gedanke auf: »Was bringt es mir, will ich das noch?« In einem Zen-Retreat, einem Sesshin, ist diese Struktur wunderbar zu erleben. Zu Beginn ist man erst einmal begeistert und motiviert zu üben. Doch schon bald bemerkt der unruhige Geist, dass er keine Chance hat, auf seine Rechnung zu kommen und sich abzulenken. Ihm wird langweilig. Jetzt können wir genau sehen, wie der Geist versucht, diese Stimmung mit Gedanken zu verstärken: »Zen ist nichts für mich, ich müsste einen anderen Weg gehen. Das lange Sitzen ist bestimmt nicht gesund. Ich könnte in der gleichen Zeit so gut die Steuererklärung machen, aber ich muss ja hier rumsitzen.« In der Stille des Sitzens können wir diese Gedankenstruktur gut beobachten. Im Alltag ist dies schwieriger, denn diese Gedanken ergreifen uns da ganz unvermittelt und wir halten sie für die Wahrheit, der man unbedingt folgen muss. Der Widerstand jedoch hat erst einmal nichts mit den Gegebenheiten zu tun, es ist eine Struktur unseres Geistes. Immer taucht dieser Widerstand auf, egal, was wir machen. Auch wenn wir im Paradies säßen, würde er uns belästigen. Erkennen wir also diesen Widerstand in Form von Gedanken nicht, übermannen sie uns und wir halten keine Übung durch. Das ist auf die Dauer sehr frustrierend. Wir fangen alles Mögliche an und hören auf, wenn es darum geht, es sich wirklich als unser Können einzuverleiben.

Jede Übung wird diese »Durststrecke« mit sich bringen. Zen nennt diesen widerstrebenden Geist das Ich. Das Ich als die Gedankenstruktur, dass es so, wie es jetzt ist, nicht passt und es sich verändern muss. Dieser Ich-Gedanke raubt uns alle Lebenskraft und gibt damit dem Widerstand recht, denn die fehlende Kraft bestätigt ihn nur.

Dieser Ich-Gedanke ist jedoch immer einer Handlung nachgeordnet. Zeigt sich das Leben als Anstrengung, kann man beobachten, wie sich der Ich-Gedanke darauf setzt und den Kommentar gibt: »Du musst dich doch nicht so anstrengen, du kannst es auch leichter haben« usw. Beim Sport erfahren wir diese Struktur in unserem Kopf auch, doch meistens halten wir sie aus und machen weiter, wie zum Beispiel beim Bergsteigen, wenn es um die letzte Strecke vor dem Gipfel geht und es sehr anstrengend wird. Wir setzen dann einfach Schritt vor Schritt und siehe da, die widerspenstigen Gedanken lösen sich auf. Die Mühen erdrücken uns nicht. Wir besteigen den Gipfel. Im Alltag brauchen wir ebenso diese Kraft, einfach weiterzugehen. Üben, sich abmühen, sich durchkämpfen sind genauso das Leben, wie die Leichtigkeit. Die kleinen Kinder leben noch selbstverständlich aus dieser Kraft. Aber je älter sie werden, in die Pubertät kommen, wird es schwerer. Vielleicht auch, weil sie uns Erwachsene vor Augen haben, die ihnen vorleben, dass die Ausdauer, das Sich-Anstrengen negativ sind und wir im Ausruhen und im Spaß nur glücklich sein können. Wir geben zu schnell auf, halten keine Übung durch.

HAT DER HIRTE DEN OCHSEN GEFANGEN

Im Zen wird Durchhalten geübt. Es bedarf nämlich wirklich großer Mühen, unseren Geist zu bändigen, den Ochsen zu fangen. Unsere Gedanken ziehen hierhin und dahin, wie der Ochse im Vers, unser Geist weiß jeden Moment etwas anderes, nörgelt unentwegt herum. Er bekrittelt vieles, kommentiert alles und wird immer versuchen, sich abzulenken. Das ist seine Natur. Unsere Übung ist es daher, ihn als Kommentator zu entlarven und uns nicht mit ihm zu identifizieren. Das gelingt nicht auf das erste Mal, doch darin besteht die Übung, ihn einzufangen, ihn zurückzuholen ins Hier und Jetzt, immer und immer wieder – wie den Ochsen. Jetzt bedarf es der Disziplin. Wir dürfen dem springenden Geist nicht folgen, auch wenn er uns immer und immer wieder einflüstert, dass es so, wie es jetzt ist, nicht sein darf. Die Disziplin, die Übung, sich und den »Ochsen« fortwährend einzufangen, darf jedoch nicht in einen verbitterten Kampf ausarten. Dem würden wir auf die Dauer nicht standhalten. Der widerstreitende Geist würde uns besiegen und wir würden wieder in unsere Träume abgleiten. Unser Geist braucht ständige Motivation, die Übung muss für ihn interessant sein. Die staunende Haltung: »Was kommt jetzt?«, hält ihn wach, gibt ihm die Anregung, aufzupassen. Am schönsten wäre es, wir hätten wieder diese unbefangene Freude eines Kindes beim Tun. Freude gibt uns unendlich Kraft, wir könnten es spielend aushalten, an der Übung dranzubleiben und wir bleiben wach. Unser Geist ist nämlich ausgesprochen trickreich. Sogar Erlebnisse von Wachheit macht er sich zu eigen. Habe ich zum Beispiel den Ruf des Buschsängers (3. Bild) vernommen und erlebt, wie sich alle Vorstellungen aufgelöst haben und sich mein Herz geöffnet hat, versucht mein Geist sich dieses Erlebnisses sogleich zu bemächtigen und macht mir weis: »Jetzt hab ich's, jetzt weiß ich, wie es geht.« Er will auch das, dieses Erlebnis, zum Konzept machen, möchte es handhaben. Damit wird meine Übung wieder in ein Muster gepresst, ich erlebe es nur als »Konserve« und nicht wirklich unmittelbar.

ZU HEFTIG NOCH DESSEN SINN, DIE KRAFT NOCH ZU WÜTEND, UM LEICHT SEINE WILDHEIT ZU BANNEN

Eine Erfahrung reicht nicht aus, einmal Aufwachen, ein Wissen, wie es geht, genügen nicht. Die Stille des Geistes, sich nicht gefangen nehmen zu lassen von den nörgelnden Gedanken, ist nicht Sache eines einmaligen Erlebnisses. Dieses Erwachen muss den ganzen Körper durchdringen. Den bewertenden Geist kann ich nicht wegdenken, mein ganzer Körper ist von ihm erfasst. Wir bedürfen eines neuen Körperbewusstseins, wovon die kleine Geschichte von Mullah Nasrudin erzählt:

> Mit seiner Körpergestalt unzufrieden und der Hänseleien überdrüssig belegte Mullah Nasrudin eines Tages einen Fernkurs im Bodybuilding. Als er mit den Lektionen fertig war, schrieb er an die Akademie: »Ich bin jetzt mit dem Kurs zu Ende gekommen. Bitte schickt die Muskeln.«

Die Übung, Wachheit zu entwickeln, ist daher kein intellektueller Spaziergang, unser ganzes Sein muss erwachen.

Auf diesem Weg erfahren wir im wahrsten Sinne Abstürze und Höhenflüge.

BALD ZIEHT DER OCHSE DAHIN, BALD STEIGT ER FERN AUF DIE HOHEN EBENEN, BALD LÄUFT ER WEIT IN TIEFE STÄTTEN VON NEBEL UND WOLKEN …

Der Ochse verkriecht sich jetzt nicht mehr im dicht wuchernden Gras. Er versteckt sich zwar im Nebel und in den Wolken, doch Nebel und Wolken sind nicht mehr dicht, sie reißen auf und ziehen weiter.

5. BILD – EIN AUGENBLICK KENNT WEDER ZEIT NOCH RAUM

DEIN GEIST IST EIN VERFÜHRER

Ich möchte nochmals daran erinnern, wofür das Bild des Ochsen steht.

Mit ihm wird das allumfassende Sein verglichen, das Geistige, das sich in jedem Augenblick im Materiellen vollzieht. Ohne die Form gibt es das Geistige nicht, genauso wie es die Form ohne das Geistige nicht gibt. Wir sind mit unserem ganzen Fleisch und Blut stets ein momentaner Ausdruck des Geistigen. Das Geistige zu erleben geht daher nur immer in der Form, im Körper, im Denken, im Wollen, im Empfinden und auch im Wahrnehmen. Das Geistige ist keine Eigenschaft, kein fester Wesenskern, der zu einem Phänomen dazukommt, das Phänomen selbst ist der Vollzug des Geistigen. Es erscheint in unendlichen Formen, in den Tieren, den Steinen, den Pflanzen, im ganzen Kosmos. Es zeigt sich im Denken, Fühlen, Wollen, eben in allem, es erscheint in jedem Moment anders. Spüren wir diese wahre Natur allen Seins, sind wir erfüllt von Liebe, jedoch nie, wie wir uns Liebe vielleicht vorstellen, als ein tiefes Gefallen. Diese Liebe ist ein tiefes Verstehen, ein Einverständnis mit dem Leben, in dem wir uns völlig aufgeben, alles loslassen, was wir als richtig oder falsch sehen.

Sie eröffnet uns die Speichen des Samsara. Samsara wird als Rad mit 6 Speichen beschrieben, jede Speiche steht für einen Daseinsbereich, in den hinein wir wiedergeboren werden. Wiedergeburt bedeutet nicht eine neue Geburt nach dem physischen Tod, sondern sie ist die Geburt im Jetzt. So können wir jetzt im Reich der Hölle sitzen, wenn uns Wut und Hass beherrschen. In diese Hölle können wir sehr schnell wiedergeboren werden, sobald wir glauben, das Leben, die Menschen dürfen nicht so sein, wie sie sind. Bleiben wir in unserer Wut verhaftet und steigert sie sich noch bis zum Hass, sitzen wir wahrlich in der Hölle fest.

Ein Samurai kam eines Tages zu einem Meister und fragte ihn: »Gibt es Himmel und Hölle?« Der Meister begann den Samurai zu beleidigen und rief ihm zu, dass er doch kein richtiger Krieger sei. Zorn stieg in dem Samurai auf und er griff zu seinem Schwert und zückte es. »Siehst du«, sagte der Meister, »jetzt tut sich die Hölle auf.« Da erkannte der Samurai, dass der Meister ihn auf die Probe gestellt hatte, und er steckte sein Schwert wieder in die Scheide. »Nun zeigt sich der Himmel«, meinte lächelnd der Meister.

Doch wir können uns auch sehr schnell im Reich der Trägheit wiederfinden. Auch diese Speiche des Rades ist uns vermutlich nicht unbekannt. Dieser Bereich ist sehr heimtückisch. Erst schleicht er sich ein mit dem Argument, man kann nicht nur arbeiten, man muss es auch bequem haben, ausruhen tut so gut. Das ist an sich ja nicht falsch. Doch artet das Rasten oft ganz unbemerkt in Trägheit aus. Den Übergang spüren wir in dem Moment, in dem wir entdecken, dass wir unzufrieden sind, leicht aggressiv werden oder depressiv. Trägheit im Gegensatz zum Ausruhen zieht uns immer in eine Dumpfheit und wir verlieren den Kontakt zur Welt.

Auch ins Reich der hungrigen Geister können wir uns verirren. Es ist die Gier, das Gefühl, nie satt zu werden. Auch dieses Reich kann uns so in Beschlag nehmen, dass wir zu viel essen oder trinken, immer mehr an Dingen haben müssen. Wir sind getrieben vom Hunger nach allem und jedem. Diese Gier kann sich auch ausdrücken als Gier nach Geliebtwerden oder danach, unentwegt im Mittelpunkt stehen zu müssen. Die Formen der Gier sind unendlich. In dem Epos *Herr der Ringe* ist Gollum die Inkarnation der Gier. Die Augen quellen ihm hervor, die Gier verzerrt seine ganze Gestalt.

Es gibt noch eine Speiche, die einen für uns zerstörerischen Raum öffnet, es ist Neid oder Eifersucht. Wir sind wie von einem Dämon besessen. Unruhe, Angst und hilflose Wut lässt uns entwürdigend handeln.

Das Reich des Stolzes lässt uns zu arroganten Gockeln werden, die auf ihrem Mist umherstolzieren und alle anderen für nichtig halten.

Einst besuchte ich einen Tempel in Japan, wo diese »Geistesgifte« in menschlicher Gestalt dargestellt waren. Ich brauchte nicht zu wissen, welches Gift welchen Menschen beherrschte. Jedes Gift hatte in den Gesichtern der Statuen seine eindeutige Ausdrucksform – unverkennbar, nicht zu verwechseln. Jede Geisteshaltung schreibt sich in Gesichter ein und raubt uns unsere Schönheit und Natürlichkeit.

Wir können einige Bereiche in wenigen Minuten durchwandern, in manchen Bereichen länger verweilen und sogar manchmal aus einem Bereich nicht mehr herauskommen.

Es ist bitter, wenn Menschen aufgefressen werden von ihrem Hass oder von ihrem Geiz, sich in ihrem Neid verstricken, in ihrer Trägheit versumpfen oder an ihrer Unzufriedenheit leiden. Erstaunlicherweise ist Letzteres bei uns im Westen weit verbreitet. Obwohl wir materiell keine Not leiden, macht uns das nicht zufrieden. Unzufriedenheit hat nichts mit Reichtum zu tun. Es liegt an unserer Geisteshaltung, an unserem vergleichenden Geist, der stets etwas Besseres sieht als das, was ist.

Alle Bereiche haben ihren Ausgangspunkt in der Unwissenheit darüber, wie das Leben wirklich ist. Wir verstehen das Leben nicht. Sehen nicht, wie es sich in allem entfaltet.

Wie können wir diese Wirklichkeit so erfassen, dass sie uns aus diesem Rad herausholen kann? Es geht immer um das unmittelbare Erleben des Hier und Jetzt und gleichzeitig um die Desidentifikation mit dem bewertenden Geist.

Im Zen wird diese Geisteshaltung mit dem Bodhisattva-Geist beschrieben, dem Erweckungsgeist. Es ist der Geist, der uns den Einblick in die Einheit und die Leerheit schenkt. Nur er kann uns aus diesen Höllen herausreißen. Ich sage bewusst herausreißen, weil wir den Bodhisattva-Geist nicht als Hab und Gut besitzen, sondern einzig und allein im Augenblick erfahren können, in dem Moment, wo wir aufhören zu unterscheiden und zu vergleichen.

Verstehe ich die Wiedergeburt als eine Geburt in ein neues Leben nach dem Tod, bleibe ich in einer linearen Zeit- und Raumdimension. Der Augenblick jedoch kennt weder Zeit noch Raum. Er ist jenseits davon. Er setzt uns in ein Erleben des Jetzt, das die Spiegelungen des Geistes als solche erkennen lässt. Dieses Erleben ist genauso unbeständig wie alle anderen Bereiche auch. Daher ergreift uns, sind wir nicht wach, sogleich wieder die Illusion, die uns von allem trennt.

Als Menschen haben wir die Möglichkeit, zu glauben und damit auch zu erleben, dass wir von dem Geistigen getrennt wären und als Individuum eigenständig bestehen würden. Damit gleichen wir einer Welle, die meint, sie gehöre nicht zum Ozean.

Bei der Welle sehen wir das als Unsinn an, bei uns Menschen jedoch als Wirklichkeit. Das ist die große Illusion, in der wir leben.

Gleichzeitig aber, da wir Ausdruck des Geistigen sind, steigt immer die tiefe Sehnsucht in uns auf, mit dem Geistigen eins zu sein. Diese Sehnsucht tut sich in der Frage nach dem Sinn des Lebens auf, in der Sehnsucht nach Glück und Zufriedenheit und nach einer erfüllten, nie enden wollenden Liebe.

Diese Sehnsucht beschreibt der Dichter mit dem Bild des Hirten.

Schauen wir nochmals zurück: Im 1. Bild wird diese Sehnsucht beschrieben, die den Hirten auf die Suche nach sich selbst treibt. Das 2. Bild schildert, dass diese Suche dazu führt, uns alle unsere Seiten anzuschauen und uns darin anzunehmen, auch mit all unseren Geistesgiften.

Das ist der schwerste Schritt. Diese Gifte bringen uns Leiden, wir wollen sie nicht. Wir wollen sie hinter uns lassen, aus dem Rad aussteigen. Doch genau dieses Nicht-Wollen macht sie noch stärker. Das ist nicht der rechte Weg. Wir können uns die Geistesgifte nicht verbieten. Sie gehören wie alle Phänomene zum Leben.

In den Ochsenbildern wird davon erzählt, wie der Hirte alle diese Bereiche, diese Reiche, durchlebt. Sie sind die Spuren des Ochsen. Es bedarf der Wachheit, all diese Gifte nicht als meine Gifte zu sehen. Sie tauchen im Leben auf, wie die Wellen im Ozean. Wir dürfen sie nicht auf uns beziehen und uns nicht damit identifizieren. Nicht ich bin wütend oder gierig, sondern da gibt es Wut, da gibt es Gier, da gibt es Stolz. In dem Moment, in dem ich die Gifte nicht auf mich beziehe, in dem ich sie nicht mit meinem Mein oder meinem Ich verbinde, erscheinen sie wie die Wolken am Himmel und können vorüberziehen. In dem Moment aber, in dem ich sie mit mir verknüpfe, bin ich von ihnen besetzt. Ich bin im Nebel, in den Wolken gefangen und es dauert seine Zeit, bis ich wieder herauskomme.

Die Wachheit ist daher von unvergleichlichem Wert. Kein Hauch von Gedanke darf sich zwischen mich und die Wahrnehmung schieben. Daher ruft Meister Lin-chi[12] zu der Übung auf mit den wenigen Worten: »Schaut, schaut!«

ÜBEN MIT SANFTER BESTÄNDIGKEIT

Von Peitsche und Zügel darf der Hirte seine Hand keinen Augenblick lassen,
sonst stieße der Ochse mit rasenden Schritten vor in den Staub.
Ist aber der Ochs geduldig gezähmt und zur Sanftmut gebracht,
folgt er dem Hirten von selbst ohne Fessel und Kette.

VON PEITSCHE UND ZÜGEL ...

Mit der Peitsche treibe ich meinen Geist an, mit den Zügeln ziehe ich ihn in die rechte Richtung und halte ihn. Der Dichter beschreibt mit diesen beiden Worten unsere Übung. Da ist einerseits die Übung, nicht in die Trägheit abzugleiten, sondern sich immer wieder zu der Übung der Achtsamkeit anzutreiben, sich dazu zu motivieren. Die Trägheit und Dumpfheit lösen sich nicht

auf, indem wir uns ihnen hingeben, sie können nur neutralisiert werden durch Tätigsein. Im Hier und Jetzt zu sein, ist äußerste Aktivität, sie macht die Trägheit zunichte, sogar wenn wir uns auf dem Sofa räkeln, wie es Meister Isan seiner Schülerin Tetsuma zeigte. Zen wird leicht missbraucht, denn die Schulung der Achtsamkeit lässt uns sehr konzentriert sein und Menschen können dadurch noch mehr arbeiten. Zen will uns jedoch nicht auf mehr Leistung hintrimmen, sondern auf die Bewusstheit, und dazu gehört auch die Muse, das Ausruhen, doch nicht dumpf, sondern wach.

Aber was ist Wachsein? Wachsein ist, die Aufmerksamkeit auf das zu richten, was gerade geschieht, und damit ganz und gar eins zu sein. Trägheit lässt unseren Geist entgleiten, macht ihn unbewusst, treibt ihn in Nebel und Wolken, wo wir Luftschlösser bauen, wo wir in der Vergangenheit schwelgen oder in die Zukunft hineinträumen. Deswegen darf der Hirte von der Peitsche nicht lassen, muss immer seinen Ochsen antreiben, in seinem Geist immer wieder die Konzentration aufbauen.

Im Zen wird dafür gerne das MU benutzt, um diese Wachheit aufzubauen. Bei allem, was man berührt, sagt man innerlich MU. Es kann sein, dass uns unsere Aufgaben im Alltag so absorbieren, dass wir das MU vergessen. Dann ist es hilfreich, eine Tätigkeit, die sehr oft in unserem Alltag vorkommt, mit MU zu belegen.

Zum Beispiel, wenn wir Treppen steigen, wird jede Treppe zu MU. Damit ist man nicht schon oben an der Treppe, bevor man unten die Treppe betreten hat. »Sitzt« dann jede Treppe, nimmt man die nächste Tätigkeit, die uns den Tag über begleitet. So reihen wir die Tätigkeiten aneinander und wir werden im Alltag wacher für das Jetzt.

Am Abend in einem Sesshin hören die Teilnehmer immer den Spruch: »Seid stets achtsam, seid nicht nachlässig, nicht vergesslich.« Damit soll nicht dazu ermahnt werden, den Schlüssel nicht zu verlieren, sondern die Übung nicht zu vergessen. Es zeigt sich nämlich, dass man nach einiger Zeit der Übung ein wenig nachlässig wird, mit der Zeit wird es ein bisschen mehr und auf einmal vergisst man die Übung ganz. Hier ist es gut, ein paar Anker zu setzen, die einen immer wieder an die Übung erinnern. Das kann ein Bild sein, ein Bändchen an der Türe oder Ähnliches. Bei alldem sollten wir uns bewusst sein, Nachlässigkeit und Trägheit sind so stark, dass wir auch diese Hinweise gerne übersehen. Allein am Morgen und am Abend zu meditieren reicht nicht, um die Wachheit aufzubauen. Der Alltag sollte von unserer Übung ganz durchdrungen sein, jede Strecke, die wir gehen, jede Tätigkeit. Das ist ganz wichtig.

Kōdō Sawaki[13] sagte einmal, er hätte so gerne einen Schüler, der ihm den ganzen Tag zur Seite steht, damit er immer präsent sein müsste, um dem Schüler die Achtsamkeit zu lehren. Das wäre für seine Übung die größte Unterstützung.

Neben der Peitsche gibt es auch noch die Zügel in unserer Übung. Die Zügel brauchen wir, weil unser Geist süchtig danach ist, sich in seinen Gedanken zu verlieren, sich Sorgen zu machen, sich alles Mögliche vorzustellen. Wir brauchen die Zügel, ihn immer wieder zurückzuholen, immer wieder. Nicht dabei müde werden, darin besteht die Disziplin, bis unser ganzes Sein Peitsche und Zügel so verinnerlicht hat, dass wir sie nicht mehr benützen, sondern sie uns zu eigen sind.

Buddha sagte einmal: »Solange ich Gutes tue, tue ich noch nichts Gutes. Erst, wenn ich Gutes-Tun bin und so nichts Gutes mehr tue, ist es Gutes tun.« Auf das Wachsein übertragen, bedeutet es: Solange ich übe, wach zu sein, bin ich noch nicht wach, erst wenn das Wachsein zu meinem eigenen Sein geworden ist und ich dadurch nicht mehr Wachsein übe, ist Wachheit da. Auf diesem Weg brauchen wir dafür Peitsche und Zügel.

»... SONST STIESSE DER OCHSE MIT RASENDEN SCHRITTEN VOR IN DEN STAUB«

Wir würden uns unentwegt in unseren Konzepten und Vorstellungen verlieren.

Der Dichter geht noch weiter.

IST ABER DER OCHSE GEZÄHMT UND ZUR SANFTMUT GEBRACHT …

Unser Geist soll zur Sanftmut gebracht werden. In Sanftmut ist das Wort Mut enthalten, und Mut ist die Kraft, das Leben nicht nur auszuhalten, sondern sich ihm zu stellen. Da gehören genau die Bereiche dazu, die im 2. Bild erwähnt wurden, sich anzunehmen, sich anzuschauen, ehrlich zu sich selbst zu sein und sich in seiner Ganzheit zu sehen. Ebenso gehört der Mut dazu, das Leben und sich selbst als endlich anzuerkennen, die Vergänglichkeit anzunehmen.

Dies ist nicht leicht, weil die Identifikation mit den Formen so stark ist, dass jede Auflösung der Identifikation uns Angst einjagt. Diese Identifikationen Schritt für Schritt zu lösen, ist Zazen. Wir sitzen und üben, uns von unseren Vorstellungen und Wünschen zu lösen.

Und wir müssen auch die Angst aushalten, nicht gesehen und nicht angenommen zu sein. Viele Probleme, die wir haben, können darauf zurückgeführt werden, dass wir Angst haben, nicht geliebt zu sein. Zu erkennen, dass auch dieses Nicht-angenommen-Sein der Ochse ist. Den Schmerz dieses Abgelehntwerdens, Nicht-gesehen-Werdens in diesem Moment zu spüren, sie aber nicht auf mich zu beziehen. Es ist aber nicht nur Mut, sondern der Dichter spricht auch von Sanftmut, die nötig ist, das Leben zu bewältigen. Er weist damit die Richtung: Nicht mit Kampf gehen wir den Weg.

Die Praxis des Zen wird oft mit dem Fließen des Wassers verglichen, das weich ist und dennoch eine ungeheure Kraft hat. Auch der Zen-Weg ist kein Weg der Härte, sondern ein Weg der Sanftmut. Es geht natürlich darum, Mut zu entwickeln, sich selbst auszuhalten, sich der Welt zu stellen, aber es geht auch darum, sanft zu werden, sich nicht mit einem Panzer zu verbarrikadieren, sondern verletzbar zu werden. Wir brauchen uns gegen nichts abgrenzen, gegen nichts kämpfen. Wir fließen mit dem Leben mit. Fließt es nach links, fließe ich nach links, weicht es nach rechts ab, stelle ich mich nicht dagegen. Darauf achten, wohin das Leben mich führt, und mitgehen, vielleicht führt es mich sogar in eine Sackgasse. Ich nehme sie an und erlebe, dass sogar die Sackgasse der Weg ist. Kein Weg ist umsonst, kein Weg vergeblich, jeder Schritt ist der Schritt des Lebens, jeder Moment das ganze Leben in seiner Fülle.

Der Ochse, unser Geist, er wehrt sich nicht mehr, kämpft nicht mehr gegen das, was ist. Natürlich brauchen wir anfangs die Zügel und die Peitsche, doch sind sie keine Waffen, mit denen ich gegen das Leben kämpfen müsste, sie sind Hilfen, um dem Leben folgen zu können und nicht immer gegen die Wand zu fahren.

Am Anfang erzählte ich von meiner Großmutter, die ihre Ochsen durch ihre Bestimmtheit gut leiten konnte. Ich las in einem Bericht von einer Therapeutin, die mit Pferden arbeitete. Zu dieser Therapeutin kam eines Tages ein Mann, der darunter litt, dass ihm keiner seiner Mitarbeiter zuhörte, dass er von niemandem gesehen wurde. Die Frau ging mit ihm auf die Pferdekoppel, um ihm die Pferde zu zeigen, mit denen sie arbeiten würden. Die Pferde hoben den Kopf, schauten ihn an und drehten sich weg. Nicht einmal die Pferde wollten ihn anschauen. Die Therapie bestand nun darin, dass der Mann lernen musste, das Pferd am Zügel zu nehmen und es ohne Peitsche zu führen. Er sollte sich innerlich darauf einstellen: Ich führe das Pferd. Kein Hauch von Zweifel durfte in ihm aufkommen. Am Ende der Therapie folgten ihm die Pferde, ohne am Zügel geführt zu werden. Es war die innere Klarheit, die er nun hatte, er hatte seinen Geist diszipliniert und damit auch die Pferde. Seine Entschlossenheit wurde zur Entschlossenheit des Pferdes.

Die Klarheit des Hirten, also meine Klarheit, wird zur Klarheit des Ochsen. Diese Klarheit ist ohne Anspannung, ist ohne Gewalt. Sie ist meine natürliche Haltung, sie ist die Sanftmut, die unseren Weg auszeichnet.

6. BILD – GELASSENHEIT

MIT »WOZU« UND »WARUM« LANDEN WIR IM GRABEN

Jetzt ist es so weit, der Hirte reitet auf dem Ochsen. Der Ochse zieht den Hirten nicht mehr von einer Seite zur anderen, nicht mehr von der Höhe in die Tiefe. Wir erleben es so oft, dass wir von unserer Unbeherrschtheit und Zügellosigkeit überwältigt werden, wir der Spielball unserer Emotionen sind und dadurch uns selbst und andere verletzen. Ist der Ochse, sprich unsere Geistesgifte, gezügelt, treibt uns unser unbeherrschter Geist nicht mehr in das Chaos, jetzt sind die Gifte in Kraft und Erhabenheit umgewandelt und wir können sie nutzen.

Gezähmt zieht der Wasserbüffel den Pflug geduldig Furche für Furche durch den Schlamm. Seine Größe, seine Kraft, seine ganze Gestalt erheben sich zur Schönheit, er ist nur noch ein Gewinn und ein Nutzen für den Hirten. Die Wachheit des Hirten darf jedoch nicht nachlassen, ansonsten bricht die Wildheit des Ochsen wieder aus, er würde abermals toben und der Hirte könnte ihn nicht halten. Er würde ihn mit sich hinwegreißen, ihn und sein ganzes Umfeld verwüsten.

Um die Kraft des Geistes wirklich zu nutzen, und nicht von seinen Giften vergiftet zu sein, dazu braucht es die Disziplin, Herr über seinen Geist zu sein; es braucht innere Klarheit und Standfestigkeit, Ausdauer und Kraft, genau das zu tun, was gerade dran ist.

Diese innere Klarheit ist nicht etwas, was wir uns von außen her aneignen können. Sie ist nichts Fremdes für uns, sie liegt in uns selbst. Sie schlummert in uns, wie ein Same im Winter. In jedem Hier und Jetzt schießt sofort der Same hoch. Unser Problem ist, dass wir in den seltensten Fällen wirklich mit unserem ganzen Sein im Hier und Jetzt sind. Der Kommentator ist immer dabei und schiebt sich zwischen jedes Erleben und uns. Wir gehen und wissen bereits wohin. Wir sitzen und wissen wozu. Nur ein Hauch von einem Wozu, ein Hauch von einem Warum, einem Zweifel, soll ich oder soll ich nicht, und alle Klarheit ist entschwunden und unser Ochse zerrt uns in den Graben.

Es geht immer nur um diesen Moment im Leben, zu sein, was ich gerade bin, und zu tun, was ich gerade tue. Das klingt so einfach und ist doch so schwer.

Meister Bankei saß einmal inmitten seiner Schüler und unterwies sie. Ein Priester der Sinshu Sekte, deren Anhänger an Wunder und an die Erlösung mittels magischer Rituale glauben, hatte sich unter die Zuhörerschaft gemischt. Eifersüchtig auf Bankeis große Zuhörerschaft verursachte er einen solchen Lärm und eine Unruhe, dass Bankei in seiner Rede innehielt und den Mann fragte, ob er etwas zu sagen habe. Der Mann stand auf und verkündete stolz: »Der Gründer meiner Religion kann von einem Flussufer aus mit einem Pinsel seinen Namen auf ein Blatt Papier schreiben, das ein Gehilfe am anderen Flussufer in Händen hält, wobei der Fluss 10 Meter breit ist. Was für Wunder kannst du tun?« Bankei antwortete: »Wenn ich hungrig bin, esse ich, und wenn ich müde bin, schlafe ich.«

DEN OCHSEN REITEN – KLAR SEIN – KRAFT GEWINNEN

Der Hirte kehrt heim auf dem Rücken des Ochsen,
gelassen und müßig.
In den fernhin ziehenden Abendnebel
klingt weit der Gesang seiner Flöte.
Takt auf Takt und Vers auf Vers
tönt die grenzenlose Stimmung des Hirten.
Hört einer auf den Gesang,
braucht er nicht noch zu sagen,
wie es dem Hirten zumute.

Diese Klarheit im Hier und Jetzt beschreibt der Dichter in dem 6. Vers mit dem wunderschönen Bild des Reitens des Hirten auf dem Ochsen. Jetzt hat sich die Wildheit in Kraft verwandelt, der Ochse zieht den Pflug durch den Schlamm ohne Anstrengung. Unser Geist lässt sich von keinen Giften mehr in die Hölle ziehen. Kraftvoll ist nicht nur der Ochse, die Kraft geht auf den Hirten über und er kann von seiner Stärke profitieren. Diese erhabene Haltung, wie sie im letzten Gedicht beschrieben wurde, können wir uns vom Kopf her nicht einreden, sie muss in jedem Moment mit dem ganzen Leib gelebt werden. Da das Leben sich unentwegt verändert, kann ich auch nicht sagen, jetzt habe ich die richtige Lebenshaltung. Das wäre ein Gedankenkonstrukt, zu glauben, etwas endgültig in Händen zu haben und damit frei umgehen zu können. Mit solch einer Haltung zieht uns unser Ochse sogleich wieder in den Staub. Wir wären mit dem Muster, etwas festhalten zu können, wieder in die Falle unseres Ichs gegangen. Jeder Moment verlangt von uns die Wachheit und die Klarheit. Wir können uns auf nichts ausruhen und auch wenn wir auf dem Ochsen reiten, darf unsere innere Klarheit dabei nicht verloren gehen, ansonsten bricht seine Wildheit wieder hervor und er bäumt sich gegen alles auf.

Und doch ist es so wunderbar: Der Hirte kann auf dem Ochsen reiten. Er hat die Klarheit. Er hat den Ochsen nicht dadurch gezähmt, dass er ihm den Willen gebrochen hat. Der Hirte selbst hat die Klarheit und damit auch sein Ochse. Der Hirte braucht sogar den Ochsen nicht mehr zügeln oder antreiben. Seine innere Klarheit führt den Ochsen wie von selbst und er kann die Zügel fallen und hängen lassen. In dem Moment erlebt der Hirte ganzheitlich:

Ich bin in meinem Leben getragen, angenommen, geliebt. Dies gibt ihm Sicherheit und Freude und ein tiefes Vertrauen in das Leben. Es ist wie ein Nach-Hause-Kommen. Der Hirte braucht nichts mehr zu suchen, er ist angekommen, fühlt sich in sich daheim. Er ist da, wo er eigentlich hingehört. Jeder Zweifel »es sollte anders sein, es müsste sich verändern, hätte ich doch dies gemacht oder könnte ich es doch anders machen«, all diese Sorgen und alles Bereuen sind aufgelöst. Er ist bei sich angekommen, fühlt sich befreit, er kann loslassen, braucht sich zu nichts mehr zwingen. Er ist in seiner Gegenwärtigkeit geschützt und fühlt sich frei. Er ist jetzt gelassen, alles getriebene Sein ist verschwunden. Gelassen sein heißt für ihn jedoch nicht, dass er sich gehen lässt, ihn nichts mehr angeht und er alles um sich und in sich unberührt an sich vorüberziehen lässt. Gelassen sein ist keine Trägheit, sie ist im Zen höchste Aktivität, sie ist das Zulassen des Lebens, sie ist die radikale Annahme allen Seins. Der Hirte ist von der Liebe durchdrungen, die auf keinem Konzept aufbaut.

Meistens besteht bei uns das Problem, dass wir das, was sich ereignet, nicht so wollen, wie es sich zeigt, und wir uns in unseren Gedanken verlieren, wie es sein könnte bzw. wie es hätte gewesen sein sollen. Dieses Hätte nagt in uns, es regt uns auf, Ärger über das, was war oder ist, steigt in uns hoch. Wir können uns glücklich schätzen, wenn dieser Ärger schnell verfliegt und sich nicht zu Wut oder sogar Hass hochschaukelt, wir nicht in Geiz oder Neid fallen. In solchen Momenten ist es so entscheidend, dass wir unsere Gedankenkette durchtrennen, die Angelegenheit erst einmal ohne unseren Kommentar so stehen lassen können. Dieses Zulassen schafft erstaunlicherweise keine neutrale Stimmung, hat auch nichts mit Resignation zu tun, sondern dadurch, dass wir aus unseren Gedanken aussteigen, eröffnet sich uns eine ganz andere Ebene der Wahrnehmung. Ich erlebe die Wirklichkeit neu. Sich nicht in seinen Gedankenwelten zu verlieren, bedarf einer großen Bewusstheit. Als Erstes erfordert es, meine Gedanken als Gedanken zu erkennen und mich nicht mit ihnen zu identifizieren. Nur ein Hauch von Unbewusstheit und schon hat uns unser bewertender Geist wieder fest im Griff.

GELASSEN UND MÜSSIG

Der Hirte in dem 6. Bild hat diesen ungebärdeten Geist gebändigt. Gelassen reitet er den Ochsen, kann seinem Geist befehlen, wohin es geht. Er ist nicht nachlässig, nicht träge, er ist ganz wach. Auch wenn es dann heißt, dass der Hirte gelassen und müßig ist, heißt das nicht, dass sich der Hirte jetzt auf die faule Haut legt.

Müßig ist nicht faul. Müßig kommt von Muse. Im alten Griechenland waren die Musen die Göttinnen der Künste, der Malerei, des Gesangs, des Theaters, der Musik und Bildhauerei, aber auch die Göttinnen der Wissenschaften. Müßig sein hebt uns über unsere Geschäftigkeit hinaus, setzt unserem Abgehetztsein eine Grenze, stellt Erfolg und Anerkennung in den Hintergrund. In der Muse entdeckt der Hirte seine großen Fähigkeiten. Er ist müßig, er ist kreativ, in ihm entfaltet sich das Künstlerische. Zen entfaltete in seiner Geschichte viele Künste: die Kunst des Ikebanas, der Kalligrafie, der Gartenkunst, der Dichtung, denken wir nur an den großen Haiku-Dichter Basho. Es gibt die Kunst der Teezeremonie, oder auch des Kochens. Die Liste wäre unendlich fortzuführen, denn die Künste stehen im Zen nicht neben oder außerhalb des alltäglichen Lebens. Jeder Handgriff, jede Tätigkeit wird im Zen künstlerisch. In der großen Hingabe an den Augenblick, im Annehmen dessen, was ist, und dies als den Moment meines Lebens zu erfahren, wird jedes Tun über das kleine Ich hinausgehoben, es wird zur Kunst. Durch unsere Zen-Praxis werden wir müßig, wir entfalten die Musen. In der Muse tun sich Lösungen auf, die jenseits der Enge meiner Vorstellungen liegen. Sie erfüllen den ganzen Raum mit Weite. Unser Hirte erlebt diese Größe.

IN DEN FERNHIN ZIEHENDEN ABENDNEBEL KLINGT WEIT DER GESANG SEINER FLÖTE

Es wird Abend, die Zeit, in der der Hirte sich niederlegt, sich in den Schlaf zurückzieht, sein Geist wie in einen Nebel ins Unbewusste eintaucht. Heute jedoch ist unser Hirte vom Nebel nicht eingehüllt, die Unbewusstheit bemächtigt sich seiner nicht mehr. Jetzt ziehen die Nebel dahin, seine Vorstellungen und Konzepte vernebeln nicht mehr seinen Geist. Sie treiben davon.

Der Hirte ist wach, er lebt ganz im Augenblick, er ist eins mit dem, was gerade ist. Jetzt erklingt der Gesang seiner Flöte. Jetzt entsteht Musik.

Es gibt ein wunderschönes Koan von Zen-Meister Hakuin[14], er sagte seinem Schüler: »Zeige mir den Ton der einen Hand.« Dieser Ton der einen Hand, er ist der Ton, der in allem klingt. Das allumfassende Sein, alle Wesen, alle Formen, alles hat seinen Klang. Der ganze Kosmos klingt. Alles ist voller Gesang, alles ist Musik.

TAKT AUF TAKT UND VERS AUF VERS TÖNT DIE GRENZENLOSE STIMMUNG DES HIRTEN

Der Hirte spielt Takt für Takt, keinen zu früh, keinen zu spät. Bei jedem Ton, den der Hirte der Flöte entlockt, ist er ganz da, nicht einen Takt später oder schon 10 Takte voraus. Die Musik lebt aus dem Moment heraus, hat ein Gleichmaß, trägt in sich den Rhythmus. Alles Lebendige trägt in sich den Rhythmus. In ihn einzutauchen macht uns lebendig. Heute haben wir durch die Elektrizität die Möglichkeit, die Nacht zum Tag zu machen. Wir sind den Rhythmen der Natur nicht mehr unterworfen. Wir können unseren eigenen Rhythmus schaffen. Das ist nicht leicht und in sehr vielen Fällen finden wir unseren Lebensrhythmus nicht. Wir kommen aus dem Takt. Das macht uns hektisch, wir laufen den Tönen hinterher oder sind so erschöpft, dass die Musik nicht mehr in uns widerhallen kann, und wir folgen dumpf unseren Aufgaben.

Doch erklingt die Musik, ist die Stimmung ganz klar. Von jedem Instrument wissen wir, dass es gut gestimmt sein muss, damit die Musik auf ihm erklingen kann. Die Stimmung jedes Instrumentes ist festgelegt. Ist nicht jeder Ton wohlgestimmt, klingt die Musik schräg. Der Hirte jedoch ist in einer grenzenlosen Stimmung, er ist immer wohlgestimmt, nicht auf eine Stimmung festgelegt, er ist grenzenlos. Er ist der Augenblick, und er ist jeweils anders. Er kann sich auf jede Stimmung einlassen, mit ihr mitschwingen. Nichts grenzt ihn ein, nichts legt ihn fest. Seine Stimmung ist unendlich. Der Augenblick legt ihn nicht fest, er verlangt sogar, dass er sich ständig wandelt, manchmal ist sie Moll und die Wehmut erfasst ihn, vielleicht fließen sogar die Tränen, manchmal ist die Stimmung in Dur und ist bestimmt und klar.

Grenzenlose Stimmung heißt, der Augenblick bestimmt, wie die Stimmung ist, und nicht wir färben das Leben mit unseren Stimmungen. Nach den Launen gestimmt zu sein, hieße, meinen Vorlieben oder Abneigungen freien Lauf zu lassen. Damit sind meine Stimmungen launisch, sie richten sich nicht nach dem, was ist, sondern was ich mag oder nicht. Jeder Moment hat seine eigene Stimmung, der Hirte kann sich darauf einlassen, wehrt sich nicht dagegen, er erlebt das Leben als angemessen, den Augenblick als passend. So gestimmt zu sein, erleichtert das Leben gewaltig. Freude und die Liebe zu allem lebt in uns und das Miteinander wird entschieden leichter.

UND HÖRT EINER AUF DEN GESANG, BRAUCHT ER NICHT NOCH ZU SAGEN, WIE ES DEM HIRTEN ZUMUTE IST

Das ist eine ganz wichtige Stelle. Der Dichter weist darauf hin, dass der Hirte nicht nur für sich steht. Sein Gesang wird von seiner Umwelt als wohlgestimmtes Lied erlebt. Alle, die ihn sehen und hören, erleben seine Freiheit, sein Glück. Mit dieser Zeile zeigt der Dichter auf einen wunden Punkt in der Spiritualität. Unsere spirituellen Gedanken und Reden sind oft weiter, als wir es wirklich verkörpern. Wir predigen Freiheit und Liebe und können sie selbst nicht verwirklichen. Der Hirte jedoch braucht nicht mehr von seinen Erfahrungen reden, die er einmal hatte, er braucht nicht auf den Weg verweisen, den er gegangen ist. Sein Gesang zeigt ihn und seinen Weg unverschleiert. Das ist ein wichtiges Kriterium. Wie erleben uns die anderen Menschen?

Wir brauchen immer auch von außen her eine Korrektur. Zu leicht kann uns unser Ich betrügen und uns vorgaukeln, wie »weit« wir bereits auf unserem Weg sind. Es redet uns ein, schon alles zu können, klar zu sein, grenzenlos, gelassen und müßig. Diese Sätze kann sich unser Geist sofort als seine Eigenschaften aneignen. Er posaunt sie als sein Sein heraus und doch sind sie nur Konzepte. Es ist wirklich nicht einfach in sich zu erkennen, was wir wirklich verkörpert oder nur in unserem Kopf verankert haben. Auf unserem spirituellen Weg bekommen wir unterschiedliche Einsichten, oder wir lesen Bücher, die von außergewöhnlichen geistigen Errungenschaften erzählen. Unser Geist macht sich diese Informationen zu eigen und manchmal können wir kaum unterscheiden, ob wir das nur denken oder sind. Hier ist das Außen unsere große Chance, uns zu spiegeln und zu sehen, ob wir wirklich schon spirituell so weit sind, wie wir denken. Jede Ausrede: die anderen verstehen oder mögen mich nicht oder sie haben ja keine Ahnung, sind Vorwände, um sich nicht selbst anschauen zu müssen. Dogen Zenji betonte es: sich von allen Dingen im Außen erwecken lassen. Das Außen spiegelt unser Innen. Ist es im Innen nicht klar, ist es auch im Außen nicht klar. Leben in mir die Streitigkeiten, begegnen sie mir im Außen. Das Lied, das in uns klingt, ertönt auch im Außen. Wollen wir uns wirklich sicher sein, wo wir gerade stehen, ist es ratsam, sich das Außen anzuschauen. Ecken wir im Außen ständig an, reiben wir uns ständig an allem und jedem, ist im Außen ständig Kampf angesagt, ist das ein Alarmzeichen, dass mit unserem spirituellen Weg etwas nicht stimmt. Wir sollten unsere Abneigungen und Vorlieben genau überprüfen. Vermutlich haben wir ganz unbewusst mit ihnen eine spirituelle Luftblase aufgebaut. Bei unserem Hirten jedoch ist es klar. Sein Lied klingt nach außen, und da gibt es keinen Zweifel mehr. Er reitet seinen Ochsen in großer Gelassenheit. Der Ochse folgt ihm, seine Wildheit ist gebannt, sein Geist klar und selbstleuchtend. Das Außen steht ihm nicht feindlich gegenüber, wirkt nicht bedrohlich. Er braucht sich nicht abgrenzen. Er nimmt sich an. Es gibt keinen Widerstand, kein Sich-Auflehnen mehr gegenüber dem Außen. Liebe durchströmt ihn.

Das Außen als Korrektiv zu nehmen ist auf unserem spirituellen Weg sehr entscheidend. Die Natur macht es uns leicht, sie spiegelt Seiten von uns, die uns guttun, da ist Wachstum, da ist Lebensenergie, und das Absterben trägt bereits die neuen Knospen in sich. So lieben die meisten von uns die Natur. Wir sind auch einem Vulkan, der ausbricht, nicht böse. Wir geben ihm kein Ich, das uns vorsätzlich schaden möchte.

Bei den Menschen wird es schon schwieriger. Bei ihnen gehen wir von einem Ich aus und glauben, wenn mein Mitmensch ausbricht, dann könnte er auch anders. Solange wir jedoch nicht wach sind, sind wir so dumpf wie ein Vulkan. Der Ochse reitet uns und nicht umgekehrt. So sind wir als Menschen auf das Höchste gefordert, wach zu sein und die innere Klarheit zu entfalten, damit die Ausbrüche unseres Ochsen nicht unser Umfeld zerstören. Es braucht die Zähmung unseres Geistes. Unser Reden folgt dann von ganz allein und auch unser Handeln. Haben wir unser Denken nicht gezähmt, wird unser Reden verletzend, unser Handeln grob.

Es zählt nicht, was wir uns vorstellen, wie wir sind, sondern wie wir wirklich in der Welt stehen. Was nützen uns die klugen Reden, wir sollten es leben können.

Zen ist daher körperliche Übung.

Zazen ist eine der wichtigsten Übungen im Zen. In dem stillen Sitzen sind wir mit uns selbst konfrontiert, wir schauen uns an, halten uns aus, nehmen alle Seiten an uns an. Die Ausrede, ich bin halt so, gilt nicht, ich werde gedrängt, Ja zu sagen zu mir mit all meinen Schattenseiten. Erst dann verschwinden die Projektionen nach außen. Schauen wir weg, entschuldigen und reden wir die Gifte schön, werden sie nach außen projiziert und sie begegnen uns im Außen. Nicht zu projizieren ist die Übung. Wir befrieden uns, und damit das Außen.

Dogen Zenji betont dies in seinem Bendowa[15]:

»Ferner ist die Grenze zwischen deiner Selbst-Erleuchtung und der der anderen mit Erleuchtung durchdrungen; sie wirken wechselseitig zusammen. Das heißt, das Zazen belebt und vereint alle Formen der Existenz, wenn es auch nur für kurze Zeit von jemandem ausgeübt wird. Es umfasst die unendliche Zeit und durchdringt Vergangenheit, Gegenwart und Zukunft, während es gleichzeitig unaufhörlich für die Erleuchtung aller Lebewesen wirkt.«

7. BILD – AUF DEM WEG ZUR LIEBE

DURCH KONZENTRATION ZUR ENERGIE

Der Hirte kommt heim auf dem Rücken des Ochsen. Dies war das Thema des vorherigen Bildes. Jetzt gehorcht der Ochse dem Hirten, er bricht nicht mehr aus, will nicht ständig an einer anderen Stelle grasen als dort, wo er gerade steht. Der Hirte erfährt zutiefst in seinem Innersten eine große Annahme. Alles, was gerade ist, erlebt er erfüllt, spürt er als voll-kommen. Er wird nicht mehr hier- oder dorthin gerissen von seinem Geist. Er ruht in sich. Dies ist die große Voraussetzung, dass sich die Liebe entfalten kann. Der Hirte ist nicht mehr von der Gier nach Annahme getrieben, danach, gesehen und geliebt zu werden. Er kann sich dem Leben hingeben ohne Widerstände.

Es gibt ein wunderschönes Märchen von Hermann Hesse mit dem Titel »Augustus«. In ihm wird von einem Jungen namens Augustus erzählt. Er hatte zu seiner Taufe von seinem Paten den Wunsch seiner Mutter erfüllt bekommen, dass er von allen Menschen geliebt wird in seinem Leben. Dieses Taufgeschenk, so wunderbar es auf den ersten Blick erscheint, entpuppte sich jedoch als entsetzlich, denn Augustus konnte noch so widerwärtig, noch so feindlich seinen Mitmenschen gegenüber sein, sie liebten ihn dennoch. Er quälte und missachtete die Menschen, doch sie lagen ihm zu Füßen. Die Liebe der Menschen machte Augustus nicht zufrieden, im Gegenteil. Widerwillen packte ihn gegen seine Freunde. Zu seinem 40. Geburtstag tauchte unvermutet der Pate wieder bei ihm auf und fragte ihn, ob er sich von ihm etwas wünsche? Augustus schaute ihn lange an und meinte dann: »Ich möchte die Menschen lieben.« Mit einem Schlag veränderte sich seine Welt. Jetzt wandten sich alle von ihm ab, ja rächten sich an ihm für die Misshandlungen, die er ihnen früher zugefügt hatte. Egal an welcher Türe er um Einlass bat, sie wurde ihm zugeschlagen. Doch Augustus geriet nicht in Zorn, er nahm alles widerstandslos an, er liebte jetzt die Menschen. Als die Menschen ihn liebten, war er besetzt von Wut und Ungeduld ihnen gegenüber, und war gleichzeitig zutiefst unglücklich. Jetzt hingegen war er erfüllt von einer tiefen Liebe. Sie machte ihn glücklich, obwohl ihn alle zurückwiesen.

Dieses Märchen eröffnet die unendliche Dimension der Liebe, die unabhängig ist von Gemochtwerden. Hier ist die Liebe die Kraft, die in dem stillen hingebungsvollen Geist der Annahme ruht. Nur sie verwandelte den hitzigen Geist des Augustus in eine große Stärke und in Liebe. Die Liebe ruht in uns, und können wir sie entfalten, verwandelt sich unser Geist von ganz allein.

Ungezähmt konnte die Kraft des Geistes nie zum Vorschein kommen. Jetzt, in der Annahme dessen, was ist, ist seine zerstörerische Kraft gebannt, und eine ungeheure Liebe erwächst. Unseren Geist zu zähmen bedeutete daher für den Hirten, seine Rastlosigkeit und Unzufriedenheit aufzulösen und in die Annahme zu gehen. Damit können sogar Gier, Stolz, Neid, Trägheit und Wut nicht mehr von ihm Besitz ergreifen.

Zazen ist die Grundübung der Annahme und damit auch die Übung, den Verstrickungen unserer Geistesgifte zu entkommen.

In der radikalen Annahme liegt die grenzenlose Liebe allen Wesen gegenüber. Diese Liebe ist kein Kern, den es herauszuschälen gilt. Sie ist auch keine Eigenschaft, die wir entwickeln könnten. Nichts kann die Liebe schaffen oder hervorbringen. Die Liebe bringt sich selbst hervor. Sie ist die absolute Präsenz, sie ist das Hier und Jetzt. In ihrem Sein fallen alle Geistesgifte in sich zusammen und alle Tugenden sind erfüllt.

Dieser Schritt wird oft missverstanden. Wir glauben, wenn wir den liebenden Geist entfalten, dann erfüllen wir die Tugenden. Doch im Hier und Jetzt zu sein ist bereits die Auflösung der Gifte. Im Hier und Jetzt zu sein ist in der Liebe zu sein. Ich kann mich nicht darin üben, liebevoll zu sein, mir nicht vornehmen, die Wut nicht aufkommen zu lassen, die Gier zu unterdrücken. Das wären alles Verdrängungsmechanismen, die nur schlecht und recht wirken.

Ganz das zu sein, was ich gerade bin, das zu tun, was ich gerade tue, ist die Entfaltung der Liebe. Präsenz ist daher die Praxis. Präsenz ist das Erwachen zu sich selbst. Präsenz ist die alles umfassende Liebe. Es gibt kein Wenn … dann. Es gibt immer nur das Jetzt und in ihm sind die Erfüllung der Gebote und das Erwachen eins.

Die Übung der Präsenz mag sich zu Beginn wie Selbstdisziplin anfühlen, als ob ich mich zu etwas zwingen müsste; mit der Zeit jedoch werde ich erkennen, dass die Übung selbst bereits die Liebe ist.

Sind wir nicht in der Präsenz, erschließt sich uns das Leben immer nur bruchstückhaft. Das macht uns Angst und verunsichert uns, da wir so vieles nicht verstehen. Unser Geist versucht, die fehlenden Puzzleteilchen zu kombinieren, und konstruiert dabei eine Wirklichkeit, die er mit Vehemenz gegen alle Angriffe verteidigt, um ja die scheinbare Sicherheit nicht zu verlieren. Angst jedoch ist der schlechteste Berater und steht der Liebe als völlige Hingabe an die Welt entgegen. Angst und Unsicherheit sind auch die Auslöser, die uns vergiften.

Als Erstes ist da der Ärger darüber, dass das Leben sich anders zeigt, als ich es gerne hätte. Füttere ich den Ärger mit Worten, warum und wieso es sich anders verhalten soll, gewinnen sie in meinem Kopf an Raum und an scheinbarer Substanz, sie breiten sich aus und passen wir nicht auf, erfassen sie unser Reden und Handeln. Dem Einhalt zu gebieten bedarf keiner Vorschriften, keiner Regeln, sondern vor allem der Präsenz, die Aggression als eine ungeheure Energie wahrzunehmen und sie körperlich zu spüren. Dabei darf ich dieses innere Feuer weder durch Gedanken noch Worte ersticken oder anheizen. Meine Aufgabe ist es, die Energie in meinem Körper als Kraft zu spüren, ihrem Drängen, sich abzureagieren, jedoch nicht nachzugeben. Wir sind gewohnt diese Kraft durch Vorwürfe und Ausbrüche auf irgendjemand anderen abzuleiten oder in uns zu verbergen, wo sie sich gegen uns selbst richtet, und glauben, sie damit loswerden zu können, doch das Gegenteil ist der Fall. Wir heizen die Emotionen nur an und die Lebenskraft, die hinter dieser Emotion liegt, verpufft.

Es geht daher darum, Ärger und Wut in Lebenskraft zu verwandeln. Wir brauchen dafür die Wachheit, die Energie als solche bewusst zu erkennen, sie anzunehmen und zuzulassen, ohne sie ausbrechen zu lassen. Gelingt uns dies, können wir erleben, wie sich diese Emotion verändert und sich in eine Kraftquelle verwandelt. Es mag sich auf den ersten Blick wie ein Widerspruch anhören, die Wutenergie nicht abzureagieren und sie dadurch zu überwinden. Doch wir können es erleben. Weiche ich nicht aus, nehme ich das, was da in mir tobt, an, verändert sich die Energie in Vitalität. Durch Abreagieren fühlt sich die Emotion zwar im ersten Moment wie aufgelöst an, doch das trügt, wir haben alle Kraft vergeudet, in uns bleibt eine Leere und Erschöpfung zurück. Nicht zu erwähnen, wie schwer es für die Mitmenschen ist, solche Ausbrüche über sich ergehen lassen zu müssen. Auch sie verlieren durch einen Ausbruch jegliche Freude und allen Lebensmut.

Auf unserem Übungsweg ist es ratsam, diese Bewusstheit für diese Energie nicht gleich in den Situationen zu erproben, von denen wir wissen, dass sie uns in Rage bringen. Wir sollten die Präsenz an kleinen, diffizilen Tätigkeiten einüben, bei denen jede Unachtsamkeit sich rächt. Sind wir darin stabil, können wir uns bei Menschen üben, die uns nicht so nahestehen, und dann bei sehr vertrauten Menschen, denn sie lösen in uns erfahrungsgemäß am schnellsten den Widerstand aus, eben weil sie uns so nahe sind.

Es geht um die Bewusstwerdung, die überschäumende Energie rechtzeitig zu erkennen, bevor sie ausbricht, und durch das Standhalten zu erleben, wie sie sich von ganz alleine transformiert.

Bei der Gier ist es ähnlich. Gier kann ich nicht überwinden, indem ich sie füttere. Sie wird dadurch nur größer. Verzicht lässt sie dagegen verhungern. Es ist sinnvoll, wenn wir Gier spüren, unsere Aufmerksamkeit auf einen anderen Fokus hin auszurichten. Je packender das andere Motiv ist, umso leichter ist es, dass unser Geist seine Begierde vergisst. Stellen Sie sich vor, Sie müssten einen schmalen Grat überqueren, der Ihre ganze Aufmerksamkeit in Anspruch nimmt, um nicht in die Tiefe zu stürzen. Ich kann Ihnen versprechen, dass sich all Ihre Begierden in dem Moment in nichts auflösen.

Es gibt unzählige Gifte, die uns in unserem Inneren vergiften.

Sie sind aus unserem Leben nicht wegzudenken. Sie gehören dazu und doch ist es vonnöten, sich nicht mit ihnen zu identifizieren und sich von ihnen nicht erfassen zu lassen. Zen gibt uns den Rat, zu erwachen und zu erkennen, dass sie da sind, ihnen jedoch nicht nachzugeben, sondern ihre Kraft auszuhalten, sie zu erdulden. Damit verändert sich die Wildheit des Ochsen, wie der Dichter es beschreibt, und aus den zerstörerischen Emotionen entspringt eine große Lebensenergie.

Praktizieren wir Zazen, üben wir uns, dafür wach zu werden. Wir nehmen wahr, wie in der Stille von Zazen der Atem kommt und geht. Durch dieses bewusste Gewahrsein des Atemgeschehens lernt mein Körper wie von selbst, sich dem Leben hinzugeben, wir nichts mehr machen müssen. Der Körper erfährt mit jedem Atemzug, ich werde gelebt. Dieses Urvertrauen ist die Basis. Es vertreibt die Angst, nicht genug zu bekommen oder nicht erfüllt leben zu können. Jetzt und genau hier in diesem Atemzug ist bereits alles voll da, ist meine Erfüllung.

In der Stille sehen wir aber auch viele Momente, die uns nicht voll erscheinen, in denen es an allen Ecken und Enden mangelt. Auch hier ist der Weg nicht der Widerstand. Durch die Annahme solcher Momente auch des Mangels, verwandeln sie sich. Immer geht es um die Annahme, um die Hingabe an den Augenblick. Durch diese Akzeptanz und nicht durch den Widerstand, tun sich Lösungen auf, die mir ansonsten verschlossen bleiben.

Auf dem Weg der Bewusstwerdung sind Trägheit und Dumpfheit für uns Menschen eine sehr große Gefahr. Sie ziehen uns wie ein Magnet immer und immer wieder in ihren Bann. Ihnen nachzugehen, hinterlässt in uns das Gefühl der Schwere und den Eindruck, nicht wirklich zu leben. Sie können daher nicht überwunden werden, indem wir ihnen nachgeben, sie würden uns nur noch stärker durchdringen. Was uns befreit, ist die Konzentration. Wir haben den Eindruck, das würde uns anstrengen und macht uns müde, doch das Gegenteil ist der Fall. Aufmerksamkeit gibt Kraft, Dumpfheit raubt sie uns. Konzentration schenkt uns Energie.

Gehen wir weiter mit dem, was uns belastet und umhertreibt und uns daran hindert, zu uns selbst zu kommen.

Dazu gehört auch die Rastlosigkeit, die mit der Unzufriedenheit einhergeht.

Sie zu neutralisieren heißt bewusst in ein bewusstes Nichtstun zu gehen, was nicht mit Trägheit verwechselt werden darf. Zazen ist dafür bestens geeignet, dies zu üben. Setzen wir uns in Zazen, erleben wir mit der Zeit, dass es immer nur darum geht, auf das zu achten, was jetzt gerade ist. Ich lasse mich dadurch bewusst leben und nehme alle Ich-Aktivität zurück.

Das fällt uns in Zeiten, in denen es viel zu tun gibt, besonders schwer. Man kann erleben, wie sich Stimmen auftun, die sagen: »Heute habe ich keine Zeit, Zazen zu üben, ich habe zu viel zu tun, es steht so viel an, dass ich es mir nicht leisten kann, still dazusitzen.«

Doch gerade jetzt wäre es unendlich hilfreich, Zazen zu praktizieren. Das klingt verrückt und ist für unseren Geist nur schwer nachzuvollziehen. Er wird sich aufbäumen. Die Gedanken, was alles zu erledigen ist, kreisen wie verrückt in unserem Kopf, treiben uns an, als ob man schneller sitzen könnte, und lassen uns nicht zur Ruhe kommen. Unentwegt lockt die Uhr, wann es endlich vorbei ist und man wieder loslegen kann. Doch die Übung ist jetzt, sitzen zu bleiben, bis die Energie der Rastlosigkeit in sich zusammenfällt und wir still werden. Jetzt können wir erleben, wie

Ruhe aufsteigt und uns erfüllt. Diese Stille lässt uns die Arbeiten in Ruhe angehen und wir werden merken, dass wir höchstens die Hälfte der Zeit für unsere Aufgaben brauchen. Zudem tun sich bei drängenden Problemen aus der Stille Lösungen auf, an die wir vorher in unserer Rastlosigkeit nie und nimmer gedacht hätten.

Till Eulenspiegel[16] wanderte einst über Land. Plötzlich kam eine Kutsche vorbei. Sie hielt neben ihm an. Der Kutscher fragte ihn: »Wie lange dauert es noch bis zum nächsten Dorf?« Till Eulenspiegel meinte: »Eine halbe Stunde, aber wenn ihr euch beeilt, braucht ihr anderthalb Stunden.« Die Fahrgäste schauten sich verwundert an und dachten, dieser Mann sei wohl verrückt. Mit großer Geschwindigkeit fuhren sie eiligst davon. Es dauerte nicht lange und sie mussten anhalten, sie hatten einen Achsenbruch. Till Eulenspiegel kam wandernd auf dem Weg an ihnen vorbei und meinte nur: »Ich habe es euch doch gesagt, wenn ihr eilt, braucht ihr länger.«

Auch im Shinjinmei[17] heißt es an einer Stelle: »Je mehr du eilst, umso länger brauchst du.«

Mit der Rastlosigkeit geht auch immer die Unzufriedenheit einher. Wir sind wie Gejagte auf der Suche nach dem idealen Ort und den besten Umständen, wo wir endlich zu Hause sein können, frei von allen Ansprüchen, endlich zufrieden. Doch wir können das schönste Haus besitzen, in der besten Umgebung leben, mit geliebten Menschen zusammen sein, die passende Arbeit haben, sie alle sind keine Garanten für Zufriedenheit. Zen ist rigoros: Nichts kann uns auf die Dauer zufrieden sein lassen außer der Moment, an dem wir nicht zweifeln, mit dem wir uns ganz und gar verbinden können. Nur im Hier und Jetzt sind wir im Leben zu Hause, in keinem Vorher, in keinem Nachher.

Einst wurde ein junger Mann von einem heiligen Mann zu sich nach Hause eingeladen. Sein Heim bestand aus einem Zimmer. Darinnen stand ein Bett, ein Tisch, ein Stuhl und an der Wand war ein Haken für die Kleidung angebracht. Der junge Mann war erstaunt und meinte: »Das ist ja sehr armselig.« Der Heilige erwiderte: »Ich bin auch nur auf der Durchreise.«

Im Zen sind wir nie auf der Durchreise, wir sind immer voll da. Habe ich eine Wohnung, kann ich sie wunderschön gestalten. Muss ich sie loslassen, kann ich sie hergeben. Ganz der Augenblick zu sein und das Leben nicht gering achten. Alles ist vergänglich und doch in dem Augenblick, in dem es erscheint, ist es das ganze Leben. Jeder Augenblick will daher bewusst in seiner ganzen Schönheit gelebt werden. Er ist das Leben, nirgendwo anders und zu keiner anderen Zeit findet das Leben statt. Nur jetzt kann ich lieben, nicht irgendwann einmal, wenn alles stimmen sollte.

DISZIPLIN IST BEREITS DAS ZIEL

Schon ist der Hirte heimgekehrt
auf dem Rücken des Ochsen.
Es gibt keinen Ochsen mehr.
Allein sitzt der Hirte, müßig und still.
Ruhig schlummert er noch,
da doch die rot brennende Sonne
schon hoch am Himmel steht.
Nutzlose Peitsche und Zügel,
weggeworfen unter das stroherne Dach.

ES GIBT KEINEN OCHSEN MEHR

Jetzt gibt es nichts mehr, das der Hirte suchen, nichts mehr, das er halten müsste. Sein Geist wandert nirgendwo anders mehr hin als da, wo er gerade ist. Er ist ganz und gar hier, er ist durch und durch das Leben. Der Ochse verschmilzt mit dem Hirten. Jetzt tritt ein, was im Diamant-Sutra[18] beschrieben wird.

Sind wir ganz und gar der Augenblick, gibt es den Augenblick nicht mehr. Verhalte ich mich so, dass ich nicht weiß, dass ich gut bin, bin ich gut. Das heißt: Ist das Dasein so selbstverständlich, dass es nichts anderes mehr gibt, existiert nicht einmal mehr das Dasein. So kann man verstehen, dass der Ochse verschwunden ist. Der Hirte ist eins mit ihm, eins mit dem Augenblick. Es gibt nichts mehr zu suchen und nichts mehr zu halten. Der Hirte ist bei sich selbst angekommen.

Er sitzt allein. Allein heißt hier nicht verlassen. Viele Menschen haben das Gefühl, in der Welt alleinzustehen, niemand versteht sie, mit niemandem können sie über das, was sie bewegt, sprechen. Sie fühlen sich verlassen. Das ist mit dem Wort allein hier nicht gemeint.

Trennen wir das Wort allein in seine Silben, wird aus dem allein ein all-eins. Sitze ich allein auf der Parkbank und möchte nichts anderes, als hier zu sitzen, bin ich ganz eins mit dem Sitzen, ich bin eins mit dem momentanen Sein. Der Gedanke, verlassen zu sein, taucht nicht auf. In dem Moment aber, in dem ich den Leuten im Park folge und den Gedanken nachgehe: »Alle haben einen Partner oder eine Partnerin, sie können miteinander sprechen, sich austauschen, nur ich, ich sitze alleine hier«, ist mein All-eins-Sein nicht mehr spürbar. Ich fühle mich getrennt und verlassen von der Welt. In dem Moment reißt mich der Ochse wieder in den Staub. Eifersucht, Gier, Wut haben wieder einen Nährboden. Bin ich einfach nur da, und kein Hauch von Gedanke stört mich, erlebe ich mich eins mit dem, was ist, eins mit der ganzen Welt, nichts fehlt, ich fühle mich lebendig, ich erlebe mich geliebt.

Neben dem Wörtchen allein steht in dem Gedicht noch das Wort still. Zazen ist die Haltung der Stille, der Körper ist still, die Gedanken und Gefühle werden still. Stille erfüllt uns. In der Stille liegt alles Sein, in ihr ist alles enthalten. Aus der Stille entwächst die vollkommene Ästhetik. Sie ist Harmonie. Kandinsky, Klee, Cage und viele andere Künstler versuchten diese Stille darzustellen, aus der sie schöpften. Aus der Stille wird alles geboren, in ihr liegt die ganze Lebendigkeit und alle Kreativität. Die Stille ist mit dem Nichts und der Leerheit gleich. In der Stille erkenne ich mich selbst.

Doch obwohl der Hirte bereits still ist, spürt er dennoch, irgendetwas ist noch nicht zur Reife gelangt.

MÜSSIG UND STILL

In dem Gedicht wird noch einmal betont, dass der Hirte jetzt müßig und still ist. Müßig ist kreativ. Zen lebt sich daher als Kunst.

Es berührt mich immer wieder, wenn ich lese, dass die Japaner ihre hohe Esskultur gerade in einer Zeit entwickelten, als eine große Hungersnot das Land knechtete. Eben nicht, als sie in der Fülle lebten, sondern in der Not. Bei ihrem letzten Mahl gestalteten sie ihren Reis als Berg Fuji und das Gemüse als Landschaft. Ihr Essen wurde zu einem Landschaftsbild.

Bin ich im Kochen eins mit meinem Tun, wird mein Tun müßig, es wird künstlerisch, wird kreativ.

Zu glauben, da alles sowieso schnell vergeht, bringt es nichts, seine ganze Kraft einzubringen, lässt uns das Leben versäumen. Ich lebe mit ganzer Kraft diesen Augenblick. Er ist mein Leben.

Es gibt keinen Ochsen mehr.

RUHIG SCHLUMMERT ER NOCH, WO DOCH DIE ROT BRENNENDE SONNE SCHON HOCH AM HIMMEL STEHT

Der Ochse ist verschwunden, er ist eins mit dem Hirten. Kein widerstreitender Geist existiert mehr. Doch der Hirte schlummert, heißt es im Gedicht. Es ist zwar nicht mehr der ohnmächtig machende Schlaf, der sich seiner früher bemächtigt hat, aber auf dem Hirten liegt noch ein Schlummer. Er ist nicht ganz wach. Sein Weg geht weiter. Das Erleben der Einheit mit dem Ochsen ist erst die eine Seite.

Obwohl die rot brennende Sonne schon hoch am Himmel steht, obwohl es eigentlich schon an der Zeit wäre, sich ganz in das Leben hineinfallen zu lassen, im Leben aufzugehen, ist der Hirte nicht so wach, sein ganzes Ich aufzugeben.

Peitsche und Zügel sind längst nutzlos geworden. Er hat sie weggeworfen unter das stroherne Dach. Die Gebote, Gesetze und Regeln, gesetzt von außen, hatten ihm bislang den Schutz gegeben. Er hielt sich an sie, sie waren für ihn ein Geländer. Jetzt sind sie ausgedroschen, sind leeres Stroh. Sie sind überflüssig geworden. Nun gebiert der Augenblick das, was notwendig ist, passt sich dem an, was gerade ist. Der Hirte und die Regeln sind eins, sie wandeln sich im Augenblick, sie verlieren ihre Starrheit, sie werden schöpferisch.

Sehr schön hat es Shunryū Suzuki[19] in seinem Buch beschrieben, wie er seinem Meister immer den Tee servieren musste. Er war dabei etwas nachlässig, achtete beim Eintreten nicht auf die richtige Seite. Jedes Mal wies ihn der Meister zurecht: »Du sollst die linke Tür aufschieben und links hereinkommen und nicht rechts.« Langsam wurde der Meister wütend, er solle doch aufpassen. So nahm Shunryū sich fest vor, nicht mehr zu fehlen. Beim nächsten Mal ging er links hinein, übersah jedoch dabei, dass der Meister einen Gast zu Besuch hatte, der auf der linken Seite saß. An diesem Tag hätte er rechts eintreten sollen.

Shunryū Suzuki beschreibt es ganz deutlich, die Regel ist wunderbar, aber sie ist nutzlos, wenn wir mit der Regel den Augenblick bestimmen wollen und nicht der Augenblick die Regel.

Auch von Jesus gibt es die Geschichte, dass die Pharisäer ihn angriffen, weil seine Jünger am Sabbat beim Durchstreifen der Landschaft Getreide ernteten. Jesus antwortete ihnen ganz ruhig: »Der Sabbat ist für die Menschen da, und nicht der Mensch für den Sabbat.«

Der Augenblick bestimmt die Regel. Und deswegen kann der

Hirte Peitsche und Zügel einfach unter das stroherne Dach wegwerfen, sie geben ihm keinen Schutz mehr. Sie sind hohl wie die Halme, nachdem das Getreide gedroschen wurde. Der Hirte ist zum Augenblick geworden und dieser beinhaltet alle Regeln.

Die Praxis des Zen ist einfach. Sie setzt immer am Hier und Jetzt an. Im Augenblick gebiert sich das Leben. Im Grunde bräuchten wir uns keine Sorgen machen.

Ganz im Tun sein, ganz im Sein sein. Einfach da sein, nichts wollen.

Die Glocke läutet das Ende des Zazen an, die Verbeugung geschieht. Die Feueralarmglocke schrillt auf, ich laufe schnell hinaus. Kein Ich hält Regeln ein, der Augenblick, die Regeln, mein Ich fallen zusammen. Das Leben geschieht. Jetzt kann ich es erleben, alle Ängste fallen ab. Ich kann mich dem Leben hingeben. Vertrauen und Offenheit entfalten sich, Hingabe geschieht. Diese drei sind die Pfeiler der Liebe, die kein Ich und kein Du kennt, die nichts will und nichts festhält. Sie ist frei, sie ist der Augenblick, frei von jeglicher Zeit, frei von jeglichem Raum. Sie bewegt sich in alle Richtungen. Das ist mit dem Verstand nicht nachzuvollziehen. Der Verstand gibt uns Regeln auf, weist uns nur eine Richtung. Doch das Leben vollzieht sich in unendlichen Richtungen.

8. BILD – IM AUGENBLICK SEIN WIE DER SCHNEE AM HEISSEN HERD

DER HIRTE WIRD ZUM OCHSEN UND IST WIRKLICH WACH

Im siebten Ochsenbild ist der Hirte eins mit seinem Ochsen. Ochse und Hirte stehen sich nicht mehr gegenüber. Die Wildheit des Ochsen ist gebannt, die Gifte neutralisiert. Die Gier wurde zur Annahme dessen, was ist, die Eifersucht wurde zur Wertschätzung, die Rastlosigkeit zur Zufriedenheit, die Trägheit zur Bewusstheit, die Wut zur Geduld, der Stolz zur Demut. Diese Tugenden muss der Hirte nun nicht mehr mit Peitsche und Zügel einfordern, er ist mit ihnen eins. Er braucht sich nicht mehr zwingen, geduldig oder demütig zu sein. Sie sind zu seinem So-Sein geworden. Ochse und Hirte sind eins.

Dennoch heißt es im vorherigen Bild, die volle Wachheit des Hirten ist noch nicht erreicht. Der Hirte schlummert noch. Legen wir uns schlafen und schließen die Augen, verwandeln sich die Gedanken in Bilder, wir sinken ins Unbewusste. Erwachen wir, entschwinden die Bilder und werden wieder zu Gedanken. Unermüdlich schwirren sie uns durch den Kopf. Diesen Zustand halten wir für unseren Wachzustand. Im Zen jedoch werden wir auch in diesem Befinden als Schlafwandler bezeichnet. Wir träumen zwar nicht in Bildern wie im Schlaf, wir traumwandeln jedoch in unseren Gedanken und Vorstellungen. Das, was wir bewusst nennen, bezeichnet Zen als im höchsten Grade unbewusst. Unser Denken, Fühlen und Handeln funktioniert unbewusst. Zen ruft uns auf, aus diesem Schlaf aufzuwachen und nicht nur unbewusst zu funktionieren, sondern wach zu erleben, was sich in uns gerade ereignet. Dafür muss unser Geist, unser Ochse, gebändigt sein. Im Wachzustand wandert unser Geist nicht mehr umher, springt nicht wie ein Affe von Ast zu Ast, verliert sich nicht in Tagträumen und in Vorstellungen. Der Geist ist in der Bewusstheit auf das Hier und Jetzt ausgerichtet. Aufmerksam nimmt er wahr, was jetzt ist, er weicht nicht aus, lässt sich nicht ablenken. Diese stabile Aufmerksamkeit, in der wir sogar unserer Aufmerksamkeit gewahr sind, eröffnet eine völlig neue Sicht der Wirklichkeit. Dieses Sehen ist das Erleben, dass ich eins bin mit allem; nichts ist von mir getrennt, nichts steht mir gegenüber. Diese Einsicht birgt noch mehr in sich. Daher heißt es in dem letzten Vers:

Der Hirte schlummert noch, obwohl die rot brennende Sonne schon hoch am Himmel steht; obwohl schon alles ganz klar ist, liegt auf dem Hirten noch ein Schleier des Schlafes, des Unbewussten.

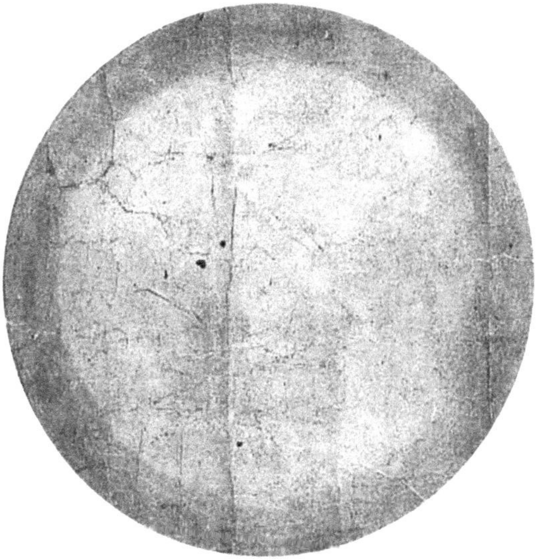

EIN RUHIGES HERZ FÜHRT ZU MITFÜHLENDEM UND LIEBENDEM WISSEN

Peitsche und Zügel, Ochse und Hirt
sind spurlos zu Nichts geworden.
In den weiten und blauen Himmel
reicht niemals ein Wort,
ihn zu ermessen.
Wie könnte der Schnee auf der rötlichen Flamme des brennenden Herdes verweilen?
Erst wenn ein Mensch in diesen Ort gelangt ist,
kann er den alten Meistern entsprechen.

PEITSCHE UND ZÜGEL, OCHSE UND HIRT SIND SPURLOS ZU NICHTS GEWORDEN

Peitsche und Zügel sind bereits unter das stroherne Dach geworfen worden, sie waren nicht mehr notwendig, nicht mehr von Nutzen, um den Ochsen zu bändigen. Der Hirte braucht sie nicht mehr, um im Hier und Jetzt zu sein. Der Hirte ist eins mit dem Augenblick. Der Ochse ist zum Hirten geworden. Peitsche und Zügel sind daher überflüssig. Jetzt geschieht etwas ganz Eigenartiges. Der Hirte erlebt: auch ihn selbst gibt es nicht mehr. Alles ist zu Nichts geworden.

Im Deutschen ist das Wort Nichts sehr schwer zu verstehen. Wir verbinden damit, dass es nichts mehr gibt, als ob man in ein großes Loch blicken würde. Damit verfehlen wir das Nichts, wie es im Zen verstanden wird. Hinter ihm steht ein ganz anderes Erleben. Mit Nichts wird das Sanskrit-Wort Shunyata übersetzt. Wir haben in unserer Kultur keinen wirklich gleichwertigen Begriff dafür. Oft wird das Nichts auch als Leerheit übersetzt, doch auch dieser Begriff trifft Shunyata nicht, wenn wir von unserem westlichen Denken herkommen, denn wir sehen leer auch als Gegensatz zu voll an, und damit als etwas, wo nichts da ist. Shunyata aber ist gerade das Gegenteil. Shunyata ist mit der Null vergleichbar. Die Null ist nicht nichts, sondern sie beinhaltet die höchste Potenzialität. Setzt man an eine 1 eine Null wird sie zu 10, mit zwei Nullen zu 100. Mit jeder Null wird die 1 größer und nicht weniger. Nichts ist die höchste Potenzialität, im Nichts ist alles möglich, es ist in alle Richtungen hin offen. Das Nichts ist die Unendlichkeit. Es trägt alle Wege in sich. Es entfaltet sich in jedem Moment neu. Dieses Nichts zu erleben heißt, in die Unendlichkeit zu schauen. Dieser Einblick in die Unendlichkeit eröffnet sich in dem Moment, in dem kein Ding durch unsere

Denkmuster eingeengt wird, wir keine Benennung, keine Bewertung darauflegen.

Der Geist von uns Menschen hat sich im Laufe der Evolution so entwickelt, dass er alles mit Begriffen belegt, wir uns von allem eine Vorstellung machen, alles einordnen und bewerten. Damit schaffen wir uns eine scheinbare Stabilität, glauben durch das Wissen über die Dinge der Welt das Leben bewältigen zu können. Diese Konzepte sind nicht nur in uns als Gedanken präsent, im Grunde genommen ist unser ganzer Körper Konzept. Wir sind menschheitsgeschichtlich, kulturell, familiär und individuell geprägt. Ohne diese Prägungen gibt es uns nicht. Sie sind der Boden, auf dem wir stehen und durchs Leben gehen. Der alte Begriff Karma steht dafür. Jeder von uns hat sein Karma, seine Prägungen, denen er unterworfen ist, die ihn tragen, aber auch einengen. Zen möchte uns aus der Einengung führen, uns vom Karma befreien. Doch wie sollte das geschehen? Wir müssten ja unseren Körper ablegen?

Zen lehrt: Die Befreiung vom Karma geschieht in dem Moment, in dem wir uns unserer Prägungen als Prägungen bewusst sind. Wir erkennen sie als einen momentanen Ausdruck des Lebens und belegen sie nicht mit einem Ich. Nicht ich gehe, nicht ich esse, nicht ich arbeite. Da ist Gehen, Essen, Arbeiten usw. Wir werden des Lebens als solchem gewahr, kein Widerstand tut sich auf. In dem Moment löst sich der Klammergriff des Karma, es wird zu Nichts. Das eröffnet uns völlig neue Wege und befreit uns von unseren Prägungen.

Der Dichter schreibt so wunderbar: Es ist alles zu Nichts geworden, nichts ist mehr gebunden. Der Augenblick entfaltet frei das, was gerade dran ist, und wird nicht von seiner Prägung überschattet.

Ein Stück weit hat ein kleines Kind noch Zugang zu dieser Unendlichkeit. Trägt es zum Beispiel einen Stock, kann dieser alle möglichen Formen annehmen, einmal ist er eine Lanze, dann ein Pferd, ein Gegner, ein Karussell, je nachdem, welches Spiel das Kind gerade spielt. Das Kind ist noch nicht von den Begriffen her bestimmt, so hat es weit mehr Zugang zu dieser Potenzialität des Unendlichen. Jeder Moment wird dadurch zu einem Ausdruck dieses Unendlichen, Ausdruck dieses Nichts.

MU heißt im Japanischen Nichts. Es gibt im Zen die Übung, alles, was erscheint, mit MU zu benennen. Alles wird in diesem Moment zu Nichts. Es hat nicht mehr meine Eigenschaften, ist nicht mehr durch mich eingegrenzt, alles wird zum Ausdruck des Unendlichen. MU ist alles und eines zugleich. MU ist nur dieses eine MU und doch birgt es alle unendliche Vielfalt in sich. Sind alle Benennungen in unserem Geist zurückgetreten, sind wir in der Achtsamkeit, tritt uns in jeder Form diese Unendlichkeit entgegen.

Das Nichts ist im Hier und Jetzt in dieser einen Form, die sich gerade zeigt, erfahrbar. Deswegen ist es im Zen so entscheidend, dass wir die Form ganz ernst nehmen, dass wir ganz in die Form eintreten, uns in die Form hineinfallen lassen. Wir sind Atmen, Gehen, Essen, Arbeiten, wir sind jeder Augenblick. Keine Abneigung oder Vorliebe treten dazwischen.

Abneigungen wie Vorlieben erzeugen einen Druck auf unseren ganzen Körper. Manchmal grenzen sie uns so sehr ein, dass sogar der Atem nicht mehr natürlich fließen kann. Fließt der Atem jedoch tief und ruhig, beschleunigen weder Abneigungen noch Vorlieben unseren Herzschlag, wird das Herz still. Es wird offen und weit. Wir erleben dieses stille Herz als tiefes Mitgefühl mit allem, als erfüllende Liebe allen Wesen gegenüber.

Schlägt unser Herz jedoch höher, sind wir erregt, wollen wir etwas und können nicht mehr mit dem Augenblick eins sein, fängt uns das Rad der Gifte wieder ein.

Das stille Herz beruhigt nicht nur uns, es bringt auch alles um uns herum zur Ruhe. In allem liegt die Stille und mit ihr eine unendliche Weite.

Diese Stille ist Ausdruck des ruhigen Herzgeistes, der nichts mehr will.

Für diese Haltung muss unser Geist gezähmt sein. Schon beim kleinsten Anblick einer Sache, beim kleinsten Impuls schreit unser Geist sofort: »Gefällt mir – gefällt mir nicht. Das ist richtig, das ist falsch.« Er wird unentwegt versuchen, uns in diese Zerrissenheit zu ziehen. Den Geist bändigen heißt, wach zu sein und diese Abneigungen und Vorlieben sofort, wenn sie auftauchen, als solche zu erkennen. Sie sind wie Blitze, die unser Geist abfeuert. Gebe ich ihnen nicht meine Bedeutung, haben sie keine Substanz, keine Festigkeit. Sie gleichen den Wolken am Himmel, die, ohne eine Spur zu hinterlassen, am Himmel vorüberziehen. Ein Blitz leuchtet auf, erhellt den ganzen Himmel und ist mit seinem Erscheinen fast gleichzeitig schon wieder verschwunden. Gebe ich meinen Vorlieben und Abneigungen nicht die Bedeutung, nach der sie immer schreien, verflüchtigen sie sich.

»Schaut, schaut, werdet gewahr, was ist, ohne Kommentar, ohne Urteil«, ruft Meister Bankei wie auch Meister Lin-chi[20]. Wir sollten es immer und immer üben. Wir sitzen in einem Café und sehen die Menschen, wie sie kommen und gehen, gleichzeitig beobachten wir unseren Geist, was er zu jedem zu sagen hat. Lächeln ist angesagt. Die Kommentare sind nichts weiter als Wolken am Himmel. Sich mit den Bewertungen zu identifizieren, würde unser Herz nur höherschlagen lassen. Die Stille ist dahin.

Die Kommentare vorüberziehen zu lassen, bringt uns in die Stille zurück und wir können erleben, wie uns eine große Liebe zu den Menschen erfüllt, aber nicht weil sie uns gefallen. Es ist eine Liebe, die jenseits aller Kategorien ist. Diese ist immer nur erlebbar und darf nie als Denkkonzept verwandt werden. Nehmen wir sie als eine Vorstellung, führt dies zu einer großen Verwirrung. Alles wird dann gleich, wird bedeutungslos und unser Handeln entspricht nicht mehr dem, was der Augenblick von uns fordert. Auf ihm liegt das Konzept von einem Nichts, verstanden als Nichtigkeit.

Immer wieder stehen wir in der Gefahr, die Erfahrung als Konzept zu missbrauchen. Damit wird das Tor zu unseren Begierden geöffnet. Machtausübung wird mit Zen-Konzepten gerechtfertigt. Es wird behauptet, Täter oder Opfer gäbe es nicht, da alles aus dem Einen entspringe und keine Substanz hat. Damit wird das Erleben von Einheit und Leerheit missbraucht. Das hat nichts mit dem zu tun, was Zen lehrt. Im Zen geht es immer um das Erleben. Erfahre ich die Einheit und die Leerheit, erlebe ich das in mir zutiefst als Mitgefühl. Bin ich im Erleben, tut sich in mir Stille auf, ich bin durchströmt von einer tiefen Liebe zu den Menschen, ich sehe ihre Umstände, ich erkenne ihr Leben und es durchdringt mich ein mitfühlendes Wissen, das über den äußeren Blick auf die Dinge weit hinausgeht.[21] Dies sind die Kriterien, mit denen ich meine Erfahrung überprüfen muss, um zu unterscheiden, ob ich es wirklich erlebt habe oder nur gedacht. Spricht man über die Erfahrung, findet man keine Worte dafür. Sie mit dem Intellekt zu erfassen, sie in eine Logik einzubauen, geht nicht. Das Nichts ist jenseits der Logik. Zu sagen, alles ist Nichts und deswegen ist alles gleich, was ich tue, ist ein Holzweg. Das Nichts zu erleben öffnet den Herzgeist, er lebt sich als unbegrenztes Mitgefühl, als Hingabe, als Großzügigkeit, als Freiheit, als Weite. Das sind tief gehende Erlebnisse, die nicht nur mich betreffen, sie strahlen auf mein ganzes Umfeld aus.

Der Herzgeist des Hirten spiegelt sich in dem Gesang seiner Flöte wider. Seine Haltung sagt alles aus. Er braucht nichts mehr erklären, sein Handeln, seine Art und Weise zu sein, sind Erklärung genug. Er braucht nicht darüber reden. Der Augenblick seines Gesangs, der Augenblick zu sein, darin entfaltet sich sein stilles Herz. Das ist entscheidend: Zen ist Leben, durchdrungen von Weisheit, Mitgefühl und tiefer Liebe.

Peitsche und Zügel sind zu Nichts geworden: Mein Ich ist eins mit der Übung, kein Ich übt, Ich und Übung sind eins. Kein Ich übt mehr, im Augenblick zu sein, das Ich ist der Augenblick.

Einst holte ein Mann seinen Freund auf einen Spaziergang ab. Der Freund zog sich seine Schuhe an, band seine Schnürsenkel zu. Da rief sein Freund freudig aus: »Du siehst aus wie der Dornauszieher.«[22] Der Freund war ganz gerührt: er sieht aus wie der Dornauszieher. Ab jetzt übte er vor dem Spiegel, er wollte immer so aussehen. Bei diesem Unterfangen soll er verrückt geworden sein. Sein Ich wollte jemand sein.

Wirklich im Augenblick sein ist kein Tun mehr. Tun und Sein fallen im Augenblick zusammen.

Die Übung ist zu Nichts geworden. Ich bin ganz und gar die Übung. Sie ist keine Qual, keine Überwindung. Ich muss meinen Geist nicht mehr bändigen. Die Übung löst sich auf, weil mein Ich und die Übung eins geworden sind. Es gibt kein Ich mehr, das übt. Hirte und Ochse haben sich aufgelöst. Sie sind ineinander verschmolzen, sie sind mit dem Leben vereint. Sie sind das Leben, das Leben sind sie. Sie sind zu Nichts geworden, zum Sein, das gleichzeitig das Nicht-Sein ist, das Sein, das sich in jedem

Moment neu gestaltet und gleichzeitig wieder vergeht. Jetzt kann niemand mehr sagen, wer der Ochse, wer der Hirte ist. Sie sind in jedem Moment neu, nicht eingegrenzt, nicht bestimmt. Sie sind frei.

Das Ich ist eine Aktivität unseres Geistes. Wenn wir den Atem beobachten, dann können wir es sehr gut erkennen, der Atem kommt von alleine und geht von alleine. So geschieht es mit allem. Aber kaum schauen wir darauf und wollen uns dessen bewusst werden, setzt sich der Ich-Gedanke darauf und behauptet: ich atme ein, ich atme aus. Dieser Ich-Gedanke ist so eng an jedem Geschehen dran, dass man meint, er sei vorher entstanden und unser Ich würde die Dinge steuern. Aber das stimmt nicht, der Atem geschieht und der Ich-Gedanke setzt sich hinterher darauf. Das Gleiche geschieht beim Denken. Ein Gedanke taucht auf und das Ich sagt: Ich denke. Auch die Gedanken entstehen. Aus einer falschen Wahrnehmung heraus kreieren wir ein festes Ich, das von sich behauptet, das Leben zu gestalten und zu richten. Mit dem Ich Gedanken entsteht gleichzeitig der Zwiespalt: »Ich könnte es anders« oder: »Ich hätte es anders tun können«.

Am gefährlichsten ist diese Illusion in Beziehung auf die Liebe. Wir erleben Liebe und sogleich setzt sich das Ich darauf und sagt: ich liebe. Damit wird die Liebe auf ein Ich eingeengt und es entsteht sogleich der Gegenpol: ich liebe nicht und damit wird das Chaos eingeleitet. Viele Partnerschaften leiden darunter, dass sie glauben, sich nicht mehr lieben zu können. Doch sie konnten noch nie lieben. Liebe geschieht. Sie ereignet sich in jedem Moment, wo sich kein Ich dazwischenschiebt.

Diese Ich-Gedanken sind nichts anderes als eine Projektion unseres Geistes, wie alle Phänomene Spiegelungen des Geistes sind. Unser Geist projiziert wie ein Projektor Bilder nach außen und dadurch werden sie sichtbar. An ihnen können wir wunderbar erkennen, wie geprägt wir sind. Wir sehen im Außen unsere Bilder, unsere Gedanken.

Dies konnte ich vor Kurzem erst wieder erleben. Ich sollte aus dem Kühlschrank Milch holen. Ich durchsuchte den ganzen Kühlschrank und fand keine Milch.

Als ich unverrichteter Dinge zurückkam und behauptete, es gäbe keine Milch im Kühlschrank, zeigte man mir die Milch. Sie war in einer Plastiktüte abgefüllt. Ich war so auf eine Flasche geeicht, dass ich sie in dem Beutel nicht entdecken konnte.

Die Übung im Zen ist, diese Einengung zu durchbrechen, offen zu werden für das, was ist, und nicht nur zu sehen, was man denkt.

Den Hirten gibt es nicht mehr, den Ochsen gibt es nicht mehr, Peitsche und Zügel gibt es nicht mehr, sie sind alle mit dem All-Einen verschmolzen. Keiner peitscht, keiner zügelt mehr, keiner zähmt jemanden, niemand ist der Hirte, nichts ist der Ochse. Das Nichts entfaltet sich als Hirte, als Ochse, als Peitsche, als Zügel.

IN DEN WEITEN UND BLAUEN HIMMEL REICHT NIEMALS EIN WORT, IHN ZU ERMESSEN

Das kann mit Worten nicht beschrieben werden. Unendlich weit ist der blaue, wolkenlose Himmel. Er ist der wache Geist, auf dem kein Nebel und keine Wolken Halt finden. Alles ist klar erkennbar. Wir können es mit Worten nicht ausdrücken, eben weil es ein Erleben ist. Wir können zwar ein Erleben beschreiben, aber das Erleben selbst niemals vermitteln. Auch wenn ich Geschichten noch so lebhaft erzähle, ich die Zuhörer in das Erleben mit hineinnehmen kann, ist das, wovon die Geschichte erzählt, nicht das Erlebte, sondern die Geschichte wird zum neuen Erleben.

Ein Rabbi hatte die Fähigkeit, unglaublich lebendig zu erzählen. Als er einmal vom Auszug aus Ägypten predigte, malte er den Marsch der Israeliten durch das Schilfmeer in lebendigen Bildern nach. Inbrünstig beschrieb er die Strapazen der Israeliten auf ihrer Flucht aus Ägypten. Sie waren in höchste Panik geraten, sie hörten das Pferdegetrampel der Ägypter hinter sich, die sie zurückholen, ihnen die Flucht verwehren wollten. Angst überkam sie. Sie hetzten vorwärts, endlich erreichten sie das Meer. Doch wie sollten sie auf die andere Seite kommen? Angstvoll schauten sie auf Moses. Da! Ein Wunder! Das Meer teilte sich, Winde trieben das Wasser zurück und sie konnten trockenen Fußes durch das Meer eilen. Doch oh je, sie hatten das andere Ufer noch nicht erreicht, da drehte sich der Wind und die Wasser flossen wieder zurück. Sie drängten ans Ufer, schrien, das Wasser stieg, sie mussten ihre Kleider hochheben, um nicht nass zu werden. Der Rabbi schaute an dieser Stelle in die Runde und sah, wie die Zuhörer wie gebannt ihre Kaftane hochhoben.

Der Rabbi konnte die Geschichte der Israeliten zum Erleben werden lassen und doch ist es nicht die Erfahrung derer, die damals flohen.

Man kann das Leben nicht ermessen, es will selbst gelebt werden. Erfahrungen kann ich niemandem vermitteln. Buddha sagte einmal: Ihr sollt mir nicht glauben, erlebt es selbst.

Die Erfahrungen können nicht übertragen werden, aber haben wir sie gemacht, können sie uns auch nicht mehr weggenommen werden. Kein einziges Wort kann sie ermessen.

Im Zen ist es das tiefe Erleben: Ich bin von nichts getrennt, mich gibt es nicht als isolierte Entität, ich bin der Vollzug des Einen, bin die Entfaltung des Nichts, ich bin leer, alles ist eines und eines ist alles.

Ich möchte noch einmal darauf zurückkommen, wie wichtig es ist, dies nicht nur zu denken. Damit es die Kraft des Mitgefühls hat, muss es im wahrsten Sinne des Wortes verkörpert werden. Im Johannesevangelium heißt es über Jesus: das Wort ward Fleisch. In ihm hat sich das Wort Gottes verkörpert.

Verkörpern wir es, lebt es sich, auch wenn wir schwach und müde sind. Das ist eine lebenslange Übung.

Der Vater einer Freundin hatte einen Schlaganfall. Er kam in ein Sanatorium auf Reha. Seine Tochter besuchte ihn dort. Es fiel ihr auf, dass die meisten der dortigen Reha-Patienten furchtbar missgelaunt und sogar boshaft waren, ihr Vater jedoch nicht. Sie fragte den Arzt, wie es komme, dass sich seine Haltung nicht so ins Negative verändert habe. Der Arzt meinte darauf: »Die Freundlichkeit und Höflichkeit Ihres Vaters war nicht nur angelernt, sie hatte sich verkörpert.«

Zen ist, Achtsamkeit zu verkörpern, den ganzen Körper zu erwecken.

Bei Schmerz, bei Gewalt oder bei Tod wird es fast unmenschlich schwer, dem Zweifel nicht zu erliegen.

Als Jesus gefangen genommen wurde, schlug Petrus einem Soldaten ein Ohr ab. Jesus verwehrt es ihm. Trotz dieser Gewalt, trotz Folter seine Liebe zu den Menschen nicht zu verlieren, ist fast unerreichbar. In Jesus hat sich diese Liebe bis in den Tod hinein verkörpert.

Das sind die großen Herausforderungen, das Empfinden der Einheit auch in Notsituationen nicht zu verlieren. Wir können nicht voraussagen, wie es sich bei uns in einer schwierigen Lage zeigt, wir wissen es erst in dem Augenblick, in dem es geschieht. Das Ich kann sich nichts vornehmen, es ist viel zu schwach. Es geht auch nicht darum, perfekt zu sein, es geht um die Präsenz, um das Gewahrwerden, wie sich das Eine vollzieht. Jesus verzweifelte am Kreuz: »Mein Gott, warum hast du mich verlassen?«, rief er und gleich danach tauchte er wieder in sein großes Vertrauen ein. Trotz allem Unverständnis gibt er sich hin: »In deine Hände, Herr, lege ich meinen Geist.« Er wusste nicht weiter und übergab sich dem, was geschieht.

WIE KÖNNTE DER SCHNEE AUF DER RÖTLICHEN FLAMME DES BRENNENDEN HERDES VERWEILEN?

Der Schnee ist im Zen ein Symbol für das Nichts. Weiß, wie er ist, birgt er alle Farben in sich und auch alle Formen, er ist als Schneeflocke so zart und bezaubernd schön, schmilzt er, fließt er als Wasser mit großer Kraft dahin, die Sonne verwandelt ihn zu Dunst, und die Kälte macht ihn zu hartem Eis. Schnee vereint alle Aggregatszustände. Er ist das Nichts, das alles in sich hat.

Und der brennende Herd? In ihm lodert das Feuer, keinen Moment sind die Feuerzungen identisch. Sie entstehen und vergehen gleichzeitig, wie könnte im Leben nur irgendetwas beständig sein, eine Form mit einer anderen identisch sein?

Ein Meister fragte seinen Schüler: »Wie sieht bei dir die Übung aus?«
Der Schüler meinte daraufhin: »Perle für Perle, Perle für Perle.« Da rief der Meister fast erbost: »Was heißt hier Perle für Perle? Siehst du nicht, dass aus jeder Perle das ganze Universum hervorspringt?«

Es wäre schade, würden wir aus dem Leben Konzepte weben und uns, da alles eins ist, sich alles unentwegt verändert, nur oberflächlich um die Dinge kümmern. Nein, in jedem Moment springt die ganze Lebendigkeit hervor, in jedem Moment lodert das Feuer. Wann sollten wir das Leben anders leben, wenn nicht im Jetzt?

Zu leben heißt, jedes Hier und Jetzt ganz und gar sein. Sogar bei dem, was wir als nichtig abtun, vielleicht das Putzen. Auch hier geht es nicht darum, es hinter uns zu bringen. Wie könnten wir das Leben hinter uns bringen?

UND ERST WENN EIN MENSCH IN DIESEN ORT GELANGT IST, KANN ER DEN ALTEN MEISTERN ENTSPRECHEN

Dann gibt es keine alten Meister mehr, die alten Meister sind in meiner momentanen Erfahrung lebendig. Ich brauche sie nicht suchen, ihnen nicht nacheifern. Wo sollten sie denn sein, wenn nicht hier? Wie könnte der Schnee auf dem brennenden Herd verweilen? Nie! Auch wenn wir glauben, es erfasst zu haben, worum es geht, ist es schon längst wieder vorbei. Halten wir dies fest mit unserem Wissen, würden wir wieder in der endlosen Wildnis und durch wucherndes Gras schreiten.

9. BILD – FREI VON ABSICHT UND WOLLEN

DAS ENDE DER BEWERTUNGEN FÜHRT ZU WAHREM ERFÜLLTSEIN

Das Leben stimmt mit der Logik unseres Denkens nicht immer überein. Wir strengen uns an, mühen uns ab, planen und ordnen, doch die Dinge laufen anders als gedacht, haben ihre eigenen Gesetze. Wir suchen nach dem Sinn des Lebens und erfahren, wie die Suche selbst sich schon als Sinn meines Lebens auftut, wie bei einem Kind der Turmbau bereits das ganze Spiel ist und nicht erst, wenn der Turm steht. Doch da wir als Erwachsene zielorientiert sind, uns in unseren Vorstellungen bereits mit dem Ende eines Weges beschäftigen, erfahren wir selten, wie sich der Weg bereits als Ziel erweist.

Die Ochsenbilder beschreiben auf der einen Seite einen spirituellen Weg, der scheinbar auf ein Ziel hin ausgerichtet ist. Doch lassen wir das Ziel einmal außer Acht und nehmen jedes Gedicht für sich, wird jedes einzelne Ochsenbild zu einem Erlebnis, das für sich bereits vollkommen ist und nicht erst als eine Stufe einer Leiter nach oben dient. Die Suche nach dem Ochsen, das Bändigen der Wildheit, das Einswerden von Hirte und Ochse, das Zu-Nichts-Werden, in allen erlebe ich mich selbst. In jeder Form erlebe ich das eine Leben als Ganzes, auch wenn jeder Schritt unterschiedlich erscheint, keine Form ist deswegen weniger wert als die andere. So wie sich keine Welle des Ozeans gleicht, und doch jede Welle ein Vollzug des ganzen Ozeans ist. Alles ist unterschiedlich und doch eins. Kommt uns diese Sicht abhanden, ruft dies in uns Leiden hervor. Unser Leben wird zu einem Warteraum, in dem wir hoffnungsvoll darinnensitzen und uns nach dem Leben sehnen, das jetzt noch nicht da ist. Das Warten und Hoffen wird zu einer Grundhaltung unseres Lebens. Sie wird eine Struktur unseres Geistes. Gehen wir nicht bewusst dagegen an, verschwindet sie nie mehr, auch wenn endlich das Ersehnte eintritt. Das erreichte Ziel wird wieder nur zu einer neuen Sprosse, die weiterführen muss. Das Warten auf das richtige Leben geht weiter.

Diesem Warten und Hoffen auf mehr Leben macht Zen ein Ende.

Es lehrt uns, das Leben ist jetzt, es geht darum, jetzt da zu sein, hier zu sein, gerade da, wo ich bin. Es lehrt uns noch weiter, wir sollen das Hier und Jetzt durch und durch sein. Nichts wird verdrängt, nichts wird klein- oder großgeredet. Alles ist, wie es ist. Nichts mehr trägt die Bürde meiner Bewertungen, alles ist in alle Richtungen hin offen. Ochse und Hirte, Peitsche und Zügel sind leer, sie haben keine Eigenschaften mehr, sie sind offen.

Belegen wir die Dinge mit unseren Bewertungen oder benennen wir sie mit unseren Begriffen, haben sie Eigenschaften. Damit bekommen sie für uns eine scheinbare Substanz. Sie sind festgelegt, sie werden als dies oder jenes bestimmt. Wir sind von ihnen begrenzt und unfrei. Lassen wir sie jedoch sein, was sie sind, ohne Urteil, sind sie leer, ohne Eigenschaften, unendlich, offen in alle Richtungen. Sie tragen alle Potenzialität in sich, sie bergen in sich alle Aspekte des Lebens.

Im 9. Bild wird dieser Aspekt nochmals aufgenommen.

ROT IST ROT ODER DIE DINGE SIND, WIE SIE SIND

In den Grund und Ursprung zurückgekehrt,
hat der Hirte schon alles vollbracht.
Nichts ist besser, als jäh auf der Stelle
wie blind zu sein und taub.
In seiner Hütte sitzt er und sieht keine Dinge da draußen.
Grenzenlos fließt der Fluss, wie er fließt.
Rot blüht die Blume, wie sie blüht.

IN DEN GRUND UND URSPRUNG ZURÜCKGEKEHRT, HAT DER HIRTE SCHON ALLES VOLLBRACHT

Diese Offenheit, die entsteht, wenn wir den Dingen nicht unseren Stempel aufdrücken, bedeutet nicht, dass das Leben neutral ist, ich keine Empfindungen und Regungen mehr dem Leben gegenüber habe. In den Momenten, in denen die Welt der Formen nicht von mir bestimmt und festgeschrieben ist, erleben wir uns zutiefst getragen und aufgehoben in der sonst so oft uns entgegengesetzten und feindlichen Welt. Jetzt erkennen wir, wer wir wirklich sind, wir erleben uns als Ausdruck des Lebens, wir fühlen uns nicht mehr von einer Welle zur anderen geworfen, bedroht und ausgeschlossen, wir erleben das Eins-Sein mit allem. Die Angst vor der Vergänglichkeit und des Verlustes ist verschwunden. An ihre Stelle tritt das große Vertrauen, die uneingeschränkte Sicherheit, nicht verloren gehen zu können. Die Wirklichkeit, die sich in den Polen Yin und Yang[23] vollzieht, in Hoch und Tief, in Hell und Dunkel löst sich aus ihrer Gegensätzlichkeit. Die Pole stehen sich nicht mehr feindlich gegenüber. Das Leben wird zu einem Schwingen von einem Pol zum anderen. Jeder Pol wird zu einer Möglichkeit, das alles umfassende Eine zu erfahren. Wie bei einer Türe, die eine Einheit ist, die ich einmal als Eingang erlebe und das andere Mal als Ausgang. Bei diesem Beispiel erscheint es nicht schwer, die beiden Seiten als gleichwertig zu erleben, es sei denn, uns wird der Eingang verwehrt oder uns wird der Ausgang auf unhöfliche Weise gewiesen. In solchen Fällen erleben wir die Türe in ihrer Gegensätzlichkeit, die uns das Erleben der Gleichwertigkeit beider Seiten sehr schwer nachvollziehen lässt. Wir sind verletzt. Wir erfahren die beiden Seiten des Lebens als entgegengesetzt, gerade wenn sich eine Seite als

Bedrohung oder gar als Verletzung erweist. Alles in uns stemmt sich gegen Schmerzhaftes. Unser ganzer Körper hat evolutionsgeschichtlich, um ja nicht dem Leid ausgeliefert zu sein, Strategien entwickelt, dem Schmerz auszuweichen. Wie sollten wir in schmerzhaften Momenten nicht in die Gegensätzlichkeit fallen, das eine zu bevorzugen und dem anderen Widerstand zu leisten? Dogen Zenji rät uns in solchen Situationen, dem Dunklen nicht auszuweichen. Er sagt: »Wenn du das Unheil vermeiden möchtest, musst du in das Unheil hinein.« Sich ins Bodenlose fallen zu lassen, so schwer es ist, ist der einzige Ausweg. So unwahrscheinlich es für unseren Kopf klingen mag: Lassen wir uns auf den Augenblick ein, hebt sich die Gegensätzlichkeit auf. Die Gegensätze, die Wellen mit ihren Höhen und Tiefen, nichts steht für sich allein. Alles ist miteinander verbunden, in allem drückt sich der eine Ozean aus. Er ist der Grund und Ursprung, in ihn lasse ich mich fallen. In ihm ist alles geborgen, ist alles voll. Der Hirte hat alles vollbracht, heißt es im Gedicht.

Das Wort »vollbracht« kennen wir aus einer besonderen Geschichte. Als Jesus am Kreuz hing und starb, wird ihm der Satz zugesprochen: »Es ist vollbracht.« Diese Worte sind so gewichtig. In ihnen wird deutlich: Durch die Annahme des Todes ist der Tod überwunden. Sogar im Tod verlieren wir nicht unseren Grund, auch im Tod fallen wir nicht aus dem Ozean. Es ist vollbracht, Jesus wird sogar in seinem Tod zum Vollzug Gottes selbst. Das ist wohl die schwerste Hürde, die es zu nehmen gilt, sogar im Tod dieses Nichts, diese Leere, ja die Liebe selbst, die alles in sich birgt, zu erfahren.

Diesen Anspruch haben sehr viele Zen-Meister gespürt und es gibt die Tradition, dies mit einem Gedicht zu bezeugen. So schrieben viele Meister kurz vor ihrem Sterben noch ein Gedicht, in dem sie den Tod als Vollzug des Lebens, als einen Schritt des Lebens kundtun wollten. Liest man diese Gedichte, hört sich das ganz wunderbar an, aber man weiß auch, dass das Sterben vielen nicht so leichtfiel, wie es die Gedichte vermuten lassen.

Von Zen-Meister Ganto ist überliefert, dass er immerzu sagte, als seine Zeit zum Sterben kam: »Ich will nicht sterben.« Als das Kloster von Meister Ganto von Räubern überfallen wurde, flohen seine Mönche, nur Ganto blieb als letzter allein im Kloster zurück. Die Räuber plünderten das Kloster und schlugen ihm den Kopf ab. Jn dem Moment des Todes soll Ganto so laut geschrien haben, dass man es noch 3 Dörfer weiter hörte. Dieser Schrei war ein Schock für die damaligen Menschen, sie konnten kaum glauben, dass Meister Ganto ein großer Meister gewesen war, sein Tod zeugte nicht von Heldentum. Er starb nicht, wie man es von einem Zen-Meister erwartete. Ein richtiger Zen-Meister würde sich in der Lotoshaltung in großer Ruhe hinsetzen, den Kopf neigen und sich ohne Widerstand und ohne einen Laut von sich zu geben, töten lassen. Weiß er denn nicht zutiefst, dass Tod und Leben sind eins. Wie konnte das bei dem großen Meister Ganto so schiefgehen?
Zu Lebzeiten war Ganto berühmt und wurde als großer Meister verehrt. Jetzt nach seinem Tod wurde es ruhiger um ihn, ja man verschwieg gerne seinen Tod. Hakuin, der im 18. Jh. lebte, hat sich an Gantos Tod buchstäblich die Zähne ausgebissen. Er fragte sich ständig: »Wie kann es sein, dass dieser große Zen-Meister so jämmerlich starb?« Doch als Hakuin selbst seine große Erleuchtung

hatte, erkannte er: Alles, aber auch wirklich alles, ist Ausdruck des Einen, und gebe ich nicht den Dingen meine Bedeutung, sind sie alle leer und zeigen ihr wahres Gesicht. Hakuin schrie bei seinem Erwachen auf: »Ganto lebt!«

Jetzt erkannte Hakuin, auch der verzweifelte Schrei ist ein Ausdruck der Wirklichkeit.[24]

Bei Jesus heißt es: »Es ist vollbracht.« Dies klingt heroisch, davor aber kam auch über seine Lippen: »Mein Gott, mein Gott, warum hast du mich verlassen?«

Beide Seiten sind in Jesu Sterbeprozess enthalten. Beide Seiten sind ein Ausdruck des Lebens.

Das ist unglaublich tröstlich. Im Zen geht es nicht darum, ein Held zu sein, es geht um das Erkennen, dass alles Ausdruck des Einen ist. Stirbt jemand in Angst und Not, zeigt sich der Ozean in dieser Welle. Es ist immer der Ozean, der die Welle aufwirft. Alles ist eins und eines ist alles. Mit unserem bewertenden Geist sagen wir:

Der eine war erwacht, und der andere war nicht erwacht. Das kann schon sein. Aber Erwachen und Nicht-Erwachen sind zwei Erscheinungsformen der Wirklichkeit. Wir sollten aufpassen, nicht in Zen-Konzepte zu verfallen und uns in Vorlieben zu verfangen. Buddha drückte seine große Erleuchtung mit den Worten aus: Alles ist erleuchtet. Wirklich in allem dieses Eine zu erleben und nicht nur zu denken, das ist das Entscheidende und das macht die Liebe aus, wie Zen sie lehrt. Keine Bewertung, keine Ablehnung, sie ist das große Mitgefühl, jeden Ausdruck des Lebens als solchen zu erkennen. In dem Moment, wo sich das Eine uns auftut, wird alles leer, jede Präferenz, jede Abneigung verschwindet. Nichts steht mehr einem anderen gegenüber. In den Ursprung und Grund zurückgekehrt, hat der Hirte alles vollbracht, er erlebt in allem das Eine.

Dies zu erleben, dazu braucht es: Blindheit und Taubheit.

NICHTS IST BESSER, ALS JÄH AUF DER STELLE WIE BLIND ZU SEIN UND TAUB

Es gibt die Darstellung von drei Affen, die nebeneinander sitzen. Der eine hält sich die Augen zu, der andere die Ohren, der dritte den Mund. Der Affe symbolisiert unseren Geist, unseren Affengeist, der ständig seinen Kommentar abgibt. Er sieht etwas und weiß schon, was er sieht. Er hört etwas und weiß auch schon, was es ist. Er spricht etwas und weiß schon, was er spricht. Unser Affengeist, unser unterscheidendes Denken sollte schweigen. Daher hält sich der eine Affe die Augen zu, der andere die Ohren und der dritte den Mund. Der Affengeist sollte taub, blind und stumm sein. Damit wird aus dem Affengeist der Spiegelgeist. Dieser gibt alles wieder ohne Kommentar, ohne Urteil oder Benennung.

Ein anderes Bild, um den Affengeist zu verdeutlichen, ist das Bild eines Hauses. In diesem Bild wird unser Körper mit einem Haus verglichen, unsere Sinne mit den Fenstern und Türen des Hauses. In dem Haus wohnt ein Affe. Die Fenster und Türen sind offen. Kommt ein Impuls durch das Fenster, brüllt der Affe sogleich seinen Kommentar, hält das eine Bild fest, wehrt das andere ab. Der Affe ist sehr schnell, er springt von einem Fenster zum anderen in Windeseile, sodass der Eindruck entsteht, als lebe eine Horde Affen in uns.

Einst wurde ein Zen-Meister von seinem Schüler gefragt, wie man denn den Affengeist beruhigen könnte, damit er nicht immer seinen Kommentar abgibt, sondern sich zum Spiegelgeist verwandle. Der Meister sagte: »Wenn das Bild eines Baumes ins Fenster fällt, dann schreit der Affengeist einfach Baum.« Der Affengeist wird zum Spiegelgeist. Was in uns einströmt, gibt er eins zu eins wieder, ohne dem Ganzen seine Bedeutung aufzudrücken. Der Affengeist stimmt mit dem Bild überein, er wird zum Spiegel. Stille macht sich in uns breit. Die Dinge im Draußen sind die Bilder im Innen.

IN SEINER HÜTTE SITZT ER UND SIEHT KEINE DINGE DA DRAUSSEN

Das Außen ist das Innen, das Innen ist das Außen. Erscheint das Bild des Baumes, ist er Baum, taucht eine Blume auf, ist er Blume, beim Berg ist er Berg, beim Nachbar ist er der Nachbar.

Unendlich viele Dinge erscheinen, es gibt keine Dinge mehr da draußen, er ist selbst die Dinge. Gehen wir in den Widerstand, da die Dinge da draußen nicht mit meinen Vorstellungen übereinstimmen, leiden wir. Sind wir eins mit diesen Dingen, werden sie zum Nichts, sie sind leer.

Die große Zen-Übung ist daher, zum klaren Spiegel zu werden.

Dafür richten wir alle Aufmerksamkeit auf das Objekt im Außen. Vermutlich hören wir jetzt unseren Affengeist quäken. Wir lassen ihn wie hinter einer Glasscheibe toben, er darf sich nicht zwischen unsere Aufmerksamkeit auf das Objekt schieben. Er kann noch so schreien, wir lassen uns von ihm nicht packen. Die Aufmerksamkeit bekommt eine Stabilität, der Affe wird müde, das Geschrei nimmt ab. Lassen wir nicht nach, wird unser Geist still und die Dinge da draußen werden zu unserem Innen. Die Eigenschaften lösen sich auf und ihr wahres Sein tut sich auf. Es gibt kein Ich mehr und kein Ding da draußen, keinen Augenblick und kein Erkennen. Es ist nur dies.

Auch hier sind wir angehalten, dies nicht zu einem Konzept zu machen. Das ist eine große Gefahr und führt zu Hochmut, Machtmissbrauch und Gleichgültigkeit den Dingen und Menschen gegenüber. Wirklich in der Einheit zu sein und sie nicht nur zu denken, ist leicht zu überprüfen. Bin ich in der Einheit mit allem Sein, dann ist mein Handeln immer von großem Mitgefühl geprägt. Hui Neng[25] bezeichnete das große Mitgefühl als radikale Akzeptanz dessen, was ist, und Mumon schrieb dazu ein wunderschönes Gedicht:

Mond und Wolken sind gleich,
Berge und Täler verschieden.
Alles ist gesegnet. Zehntausendfach gesegnet.
Ist dies eins? Sind dies zwei?

Der Mond ist das Bild für das Nichts. Er spiegelt sich in allem, ob es ein Tautropfen ist oder ein See, eine Pfütze oder das Meer.

Jeder Moment ist in seiner Einzigartigkeit vom Mondlicht durchdrungen. Jeder Moment trägt den Segen allen Seins in sich. Obwohl alles von seinem wahren Wesen her eins ist, ist dennoch jeder Augenblick seiner Erscheinung nach einzigartig und unterschiedlich. Halten wir an der Einheit als Konzept fest, übersehen wir sehr schnell die Einzigartigkeit und werden dem Augenblick nicht gerecht. Reden und Schweigen sind von ihrem Wesen her beide Ausdruck des Einen und doch bestimmt der Augenblick, ob Schweigen oder Reden angemessen ist.

GRENZENLOS FLIESST DER FLUSS, WIE ER FLIESST, ROT BLÜHT DIE BLUME, WIE SIE BLÜHT

Der Fluss symbolisiert unseren Lebensfluss. Er fließt, grenzenlos, ohne Anfang, ohne Ende, durch alle Zeiten. Zen ruft uns auf, in den Fluss einzutreten, mit dem Fluss mitzufließen, jeden Moment zu leben, mit den Wellen mitzugehen. Der Fluss ist immer derselbe, doch in keiner Sekunde der gleiche. Die Einzigartigkeit jeder Welle, jedes Tropfens, keine Welle kann ich festhalten, keinen Tropfen besitzen, mitschwimmen, das ist unser Weg.

Sind wir im Augenblick, stagniert das Leben nicht, nicht einmal im Augenblick des Sterbens, der Fluss fließt weiter. Grenzenlos fließt der Fluss, wie er fließt, und rot blüht die Blume, wie sie blüht.

Die Dinge sind, wie sie sind. Rot, die Farbe des Blutes, die Farbe der Lebendigkeit, die Farbe des Lebens und der Liebe. Sie ist in allem genauso, wie es ist. Ich bin eins mit jeder Welle. Sie sind keine Gegensätze, sie sind die Wellen des Flusses, nicht beständig, ohne Substanz und doch in jedem Moment entscheidend, denn nur in ihnen erlebe ich das Leben, nur in ihnen erfahre ich mein Glück und meinen Sinn. Die Übung bleibt. Die unaufhörliche Aufmerksamkeit lässt uns die Dinge in ihrem wahren Sein erkennen und ruft damit in uns große Achtsamkeit hervor. Jede Welle wird uns heilig, nur in ihr erleben wir, was wir wirklich sind.

Als Bodhidharma[26] nach China kam, wollte der Kaiser ihn kennenlernen, denn er hatte Großes über ihn erfahren. Der Kaiser, der in Bodhidharma einen im Buddhismus bewanderten, gelehrten Mönch sah, war froh ihn zu sehen, packte die Gelegenheit gleich beim Schopf und stellte Bodhidharma die für ihn brennendste Frage:

»Was ist der tiefste Sinn der Heiligen Wahrheit?«

Wir würden heute sagen: »Was ist der Sinn des Lebens?«

Mit Heiliger Wahrheit gab der Kaiser bereits Bodhidharma indirekt den Hinweis, dass er ein Wissender ist. Er ist keiner mehr, der seine Sinnsuche im äußeren Leben ansetzt, an Besitz und Reichtum hängt. Er weiß bereits, dass es innere Werte gibt, die einem den Sinn im Leben vermitteln. Dennoch ist er noch nicht ganz zufrieden, er hat viel aufgegeben für den Weg, viel gespendet. Was kann er als Lohn erwarten? Wie wird sich sein Leben als erfüllt erweisen? Der Kaiser sehnt sich nach dem Lohn seines Handelns. Wir alle erwarten, dass das, was wir tun, uns auch einen Nutzen bringt, wir davon etwas haben oder dafür etwas bekommen.

So erzählte mir eine Frau, dass sie in jungen Jahren auf viele Dinge verzichten musste, um ihre beiden Kinder zu erziehen, jetzt erwarte sie auch, dass ihre Söhne sich um sie kümmern. Es ist schade, dass sie ihr Leben mit den kleinen Kindern als Verzicht erfahren hat. Wie wird erst ihr Leben aussehen, wenn die Söhne für sie keine Zeit haben?

Im Zen ist es die wichtigste Übung, zu tun ohne ein Um-zu. Jede Absicht muss sich im Tun selbst zur Absichtslosigkeit wandeln, zu sitzen, weil das Leben jetzt sitzt, zu arbeiten, weil das Leben sich jetzt im Arbeiten vollzieht.

Von klein auf lernen wir, dass wir wegen etwas arbeiten, dass wir fertig werden, wir etwas erreichen, wir angesehen, gelobt werden, weil wir es so schön gemacht haben.

All diese Um-zu stecken tief in uns und es ist unglaublich schwer, sich davon frei zu machen. In der Zen-Praxis geht es darum, zum Tun zu werden ohne ein Um-zu, ohne Verdienst, ohne Lob. Es geht nur um diesen einen Moment, der sich in mir vollzieht.

Der Kaiser hatte viel zur Ausbreitung und zum Nutzen des Buddhismus beigetragen und nun wollte er von Bodhidharma erfahren, was er damit erreicht hat, oder, wie er es ausdrückte, welcher Sinn in der letzten Wirklichkeit liegt. Vielleicht hatte er insgeheim gewünscht, Bodhidharma würde ihn loben, seine Werke würdigen und ihn bestätigen, dass er eine gute Wiedergeburt erlangen würde.

Doch Bodhidharma sagte nur: »Unendlich weit und leer, nichts von heilig.«

Unendlichkeit, Weite, sagte Bodhidharma, birgt das Tun selbst, es ist frei von jeglicher Substanz, es ist Nichts und damit alles. Dort gibt es kein Heilig oder Nicht-heilig mehr. Da gibt es keine guten und schlechten Werke, keine verdienstvollen oder unnützen Werke mehr. Es ist nur dieser eine Moment, der bereits alles in sich birgt. Er ist in sich vollkommen. Wozu Lob, wozu Ehre, wozu eine bessere Wiedergeburt? In diesem Moment ist bereits alles vollbracht.

Dies auf die Liebe übertragen, führt uns zu dem Märchen von Hermann Hesse. Augustus' Liebe war nicht geprägt von der Hoffnung auf Gegenliebe. Die Liebe war in ihm so übervoll, dass sie durch kein Um-zu geschmälert werden konnte. Keine verschlossene Türe, keine Zurückweisung engte sie ein. Liebe braucht keine Belohnung, sie trägt bereits die unendliche Kraft in sich. Sie fragt nach keinem Grund und kennt kein Ziel, denn beide sind in ihr schon beinhaltet.

10. BILD – DAS WUNDER DES LÄCHELNS BEIM ÜBEN

DER WEG LIEGT IMMER UNTER DEINEN FÜSSEN

Auch wenn das 10. Ochsenbild den Abschluss der Bilderreihe bildet, ist es nicht der Schluss unseres Zen-Weges. Tozan sagte, der Weg liegt immer unter deinen Füßen, wie sollte er je enden? Wie könnten wir ihn vorher wissen? Er ist immer nur jetzt, in diesem Moment, genau hier unter meinen Füßen zu leben. Was der Dichter in seinem letzten Bild beschreibt, ist die Haltung, mit der wir den Weg im ganz normalen Leben aus dem Zen-Geist heraus gehen. Zen führt uns nicht in einen spirituellen Bereich jenseits des gewöhnlichen Lebens. Es stellt uns in das ganz normale Leben mit all seinen Herausforderungen. Wie dies aussieht, schildert der Dichter in dem letzten Bild.

ERLEUCHTUNG IST IMMER DA – AUCH BEIM ÜBEN

Mit entblößter Brust und nackten Füßen
kommt er herein auf den Markt.
Das Gesicht mit Erde beschmiert,
der Kopf mit Asche über und über bestreut.
Seine Wangen überströmt von mächtigem Lachen.
Ohne Geheimnisse und Wunder zu bemühen
lässt er jäh die dürren Bäume erblühen.

MIT ENTBLÖSSTER BRUST UND NACKTEN FÜSSEN KOMMT ER HEREIN AUF DEN MARKT

Der Dichter verwendet gleich zu Beginn zwei starke Bilder: mit entblößter Brust und nackten Füßen. Damit will er aufzeigen, was es braucht, um sein Leben als von Liebe durchdrungen erfahren zu können. Es sind: eine entblößte Brust und nackte Füße, Verletzbarkeit und Empfindsamkeit. Liebe braucht keinen Panzer mehr um sich herum, wir brauchen nichts mehr, wovor wir uns abschirmen müssen, wir brauchen nicht einmal mehr Schuhe, die unsere Füße schützen. Wir sollen den Weg unter unseren Füßen spüren, merken, worauf wir treten. Das ist die Zen-Haltung, wie sie sich im Alltag zeigt: verletzbar und empfindsam zu sein. Das Leben bringt immer Schmerz. Kein Lebewesen ist vor Verletzungen sicher. Wollen wir ihnen ausweichen, trauen wir uns nicht mehr ins Leben. Wir scheuen uns, unter Menschen zu gehen, uns zu öffnen und uns dem Leben hinzugeben. Es könnte uns wehtun, uns enttäuschen. Aus Angst davor ziehen sich viele Menschen lieber in ihr Schneckenhaus zurück, wählen für sich, einsam und von der Welt verlassen zu sein.

Es gibt leider kein Leben ohne Verlust, kein Leben ohne Verlieren, keines ohne Verletzungen oder Enttäuschungen. Schmerz liegt im Leben selbst darinnen, da es sich unentwegt verändert.

Der Veränderung sich nicht aussetzen zu wollen, hieße, sich dem Leben zu entziehen, sich nicht mehr auf den Markt zu trauen. Die Kunst des Lebens besteht jedoch gerade darin, den Schmerz der Veränderung anzunehmen, ihm keinen Widerstand entgegenzubringen und ihn dadurch nicht zu Leid werden zu lassen. Wir sind im Leben mit dem Schmerz nicht alleingelassen. Es ist der Atem, der uns durchtragen kann. Der Atem ist bei allen Schmerzen unsere große Unterstützung. In dem Moment, wo Verletzungen geschehen, sollten wir darauf achten, den Atem nicht anzuhalten, was unser Körper meist spontan macht. Jetzt brauchen wir die Wachheit, den Atem tief unten im Bauch zu spüren und zu versuchen, den Ein- und Ausatem gleich werden zu lassen. Ist der Schmerz sehr besitzergreifend, kann ein verlängerter Ausatem helfen, um den Schmerz zu lindern. Im Ausatem kann ich loslassen. Das Entscheidendste dabei ist, die Aufmerksamkeit nur auf den Atem zu richten und keinen einzigen Gedanken an den Schmerz zu hängen, nur im Spüren zu bleiben. Wir sind es gewohnt, beim Eintritt eines Schmerzes den Schmerz mit unserem Denken zu unterdrücken. Unser Kopf feuert einen Gedanken nach dem anderen ab, will den Schmerz kleinreden, ihn verstehen und dadurch handhaben. Das ist leider der falsche Weg, der Schmerz wird dadurch nur stärker, der Stachel dringt tiefer ein. Dieser kann nur herausgezogen werden, indem wir keinen Hauch von Gedanken an den Schmerz hängen und ihn im wahrsten Sinne des Wortes »ausschmerzen«.

Es gibt einen Sketch[27] von Wilhelm Bendow und Franz Otto Krüger, den später der Humorist Loriot wieder aufnahm und ihm zu Ruhm verhalf. In diesem Sketch besucht ein Neuling die Pferderennbahn. Er belästigt einen anderen Besucher mit seinen unentwegten Äußerungen. Beide schauen durch ihr Fernglas. Da ruft der Neuling:
»Wo laufen sie denn? Mein Gott, bei mir ist alles dunkel, was ist denn das? Ach, ich hab das Glas verkehrt herum … Na, das kann ja mal passieren … Wo laufen sie denn, wo laufen sie denn? … Mein Gott, wo laufen sie denn? Wo laufen sie denn?

Ahh … hab ich'n Schreck gekriegt! Ich seh immer nur Ihr albernes Gesicht!
Aaach, ist das schöööön … Ach, ist das schöööön … Ach, ist der Rasen schön grün!«
Dem anderen Besucher reicht es und er antwortet:
»Also, wissen Sie, seien Sie mir nicht böse, aber Sie sind ein selten dämlicher Hund!«
»Wer?«, schreit der Neuling.
»Sie!«, schreit der andere zurück.
»Ich?«
»Ja!!!«
»Nehmen Sie das eventuell zurück?«
»Wer?«
»Sie!«
»Ich?«
»Ja!«
»Nee!«
»Na, dann ist die Sache für mich erledigt.«

Das ist großartig! Einfach loslassen! An nichts hängen bleiben. Die Beleidigung nicht in sich herumwälzen, nicht in Vorwürfen sich verstricken und am Ärger hängen bleiben. Loslassen, sprich: keinen Gedanken daranhängen und das Leben hat mich neu.

Im letzten Ochsenbild geht der Hirte auf den Markt. Er weicht den Verletzungen nicht mehr aus, braucht keinen Panzer, um sich abzuschotten, er steht mit nackter Brust da, ist offen für das, was geschieht. Das klingt leicht und doch ist es ungeheuer schwer zu leben, zu schnell packen uns die alten Muster, sich zu verkriechen oder anzugreifen.

Auch wenn die Verletzungen noch so groß sind, dürfen wir

nicht vergessen, zu üben, die Gedanken an die Verletzungen immer wieder abzuschneiden, sie nicht in jeden Augenblick mitzunehmen. Sind die Verletzungen so schwer, dass der Körper von der Schwere der Erschütterung zittert und sein Zittern innerlich unentwegt weitergeht, ist auch hier der Atem ganz wichtig. Bei Angst rutscht der Atem nach oben, wir werden kurzatmig. Ihn wieder dazu zu veranlassen, tief unten im Bauch zu strömen, kann eine große Erleichterung sein. Eine andere ist, mit der Bewegung des Körpers mitzugehen, ihn zittern zu lassen, zu weinen, sodass die Erschütterungen sich abbauen können. Nur das Salz der Tränen kann die Wunden zuziehen. Ist es uns möglich, uns in Zazen zu setzen, ist es jetzt die Aufgabe, wahrzunehmen, wie der Körper zittert und bibbert, wie er erschüttert ist. Wir halten das Beben des Körpers aus, lassen es zu und versuchen es mit keinem Gedanken zu unterdrücken.

Das sind sehr schwere Übungen, denn der Kopf versucht mit aller Macht die Verletzung zu verstehen, sie einzuordnen und sie mit seinen Worten zu mäßigen. Wir brauchen höchste Konzentration: Einatem kommt, Ausatem geht, tief unten im Bauch.

Ein Zen-Meister[28] riet einer alten Frau, die sehr schwere Schicksalsschläge aushalten musste, nach jedem Atemzug den Satz zu sagen. »Lass es gut sein!« Wir können auch MU sagen, damit sich kein Gedanke breitmacht. Halten wir die Konzentration, lindert dies den Schmerz, wir kommen wieder in ein offenes Gewahrsein und der Schmerz wird leichter. Oft schaffen wir es alleine nicht und dann ist es wichtig, sich nicht zu scheuen, bei einem erfahrenen Therapeuten sich Unterstützung zu holen.

Unser Weg jedoch geht immer durch das Unheil hindurch und nicht außen herum.

Der Hirte baut nicht nur keinen Panzer mehr auf, er kommt

auch ohne Schuhe an den Füßen auf den Marktplatz. Der Zen-Weg macht uns empfindsamer.

Auch das fällt schwer, wenn wir merken, wie wir »näher am Wasser gebaut« sind. Kaum taucht ein Leid auf, brechen wir in Tränen aus. Das ist gut so, nicht, weil es angenehm wäre, doch das Leid der Welt zu empfinden, gehört zu unserem Weg. Zu spüren, da ist Schmerz, und nicht zu sagen, das geht mich nichts an. Noch schlimmer wäre es, sich mit dem Zen-Konzept abzuschirmen und sich einzureden, Schmerz ist auch nur Nichts. Damit verstehe ich das Nichts falsch, nehme ich das Leben nicht ernst, ich ziehe mich hinter einer Vorstellung zurück, die Dinge des Lebens wären nichtig. Zen drängt uns ins Leben hinein, macht uns empfindsam für den Schmerz aller Wesen.

Meister Ryōkan[29] saß eines Tages an seinem Tisch und dachte an das Leid der Welt. Da kamen ihm die Tränen und er konnte nicht mehr aufhören zu weinen. Die Ärmel seiner Kutte, mit denen er seine Tränen abwischte, waren bereits nass, sogar die Sutren-Blätter, die vor ihm auf dem Tisch lagen. Da klopfte es, Ryōkan erschrak. Sein Nachbar kam zu Besuch. Als er sah, dass alles ganz nass war, schaute er Ryōkan erstaunt an. Diesem war es sehr peinlich und er wusste nicht, wie er seinem Nachbarn erklären sollte, dass ihn das Leid der Welt so ergriffen hatte. Verlegen meinte er: Es hat durchs Dach geregnet.

Es ist so wunderbar: Ryōkan empfindet das Leid der Menschheit.

Er trägt es nicht nach außen, versteckt es hinter der Ausrede: Es hat geregnet. Aber er spürte den Schmerz der Lebewesen, er war empfindsam. Ging mit nackten Füßen durch das Leben. Das ist unsere Übung: keinen Panzer um uns aufzubauen, in dem wir nichts mehr spüren. Sehen wir Leid, dürfen wir weinen. Scheint die Sonne, dürfen wir lachen. Empfindsam sein, auf den Marktplatz gehen mit entblößter Brust und nackten Füßen. Das Leben in all seinen Facetten anzunehmen, ist unsere neue Haltung.

Mit diesem Satz wird deutlich, welchen spirituellen Weg wir zu gehen haben. Wir gehen auf den Markt, wir stehen mitten im normalen Leben. Der Markt ist kein besonderer Ort, er spielt sich überall ab. Es gibt keine Trennung zwischen einem normalen oder einem spirituellen Ort, einem Markt und keinem Markt. Die Verwirklichung unseres Seins, der Sinn unseres Lebens findet immer dort statt, wo wir gerade sind, eben wie Tozan sagte, unter unseren Füßen. Ein spiritueller Ort ist ebenso ein Markt, wie der von Menschen überfüllte Bahnhofsplatz. Manchmal ist mein Markt ein Rückzugsort, wo ich allein bin, Muse und Ruhe habe, mich dem Zazen widme. Manchmal ist es der Marktplatz, auf dem ich vielen Menschen begegne, dann ist es nicht das Sitzen, in dem ich mich übe, sondern es ist die Übung, Menschen zuzuhören. Es wäre eine große Illusion zu glauben: Erst gehe ich den spirituellen Weg in Abgeschiedenheit und wenn ich reif genug bin, gehe ich unter die Menschen. Dieser Zeitpunkt wird nie kommen. Ich bin immer jetzt reif für das, was ist. Zu glauben, ich wäre woanders besser aufgehoben als an dem Ort, wo ich gerade bin, ist auch eine Illusion, die uns besetzen kann. Manchmal kann ein Kloster der Markt für mich sein, manchmal wirklich der überfüllte Marktplatz. Entscheidend ist, dass ich nicht glaube, hier, wo ich jetzt bin, ist nicht der richtige Ort für mich, woanders wäre es besser.

Dazu gibt es in der Koansammlung des Mumon[30] eine wunderschöne Legende. In ihr heißt es:

In der Provinz Ko lebte einmal ein alter Mann namens Chokan. Dieser hatte eine sehr hübsche Tochter, die er sehr liebte und die er immer mit der Bemerkung neckte, sie sei genauso schön wie ihr Vetter Ochu. Gerade als die beiden bemerkten, dass sie sich ineinander verliebt hatten, verkündete der Vater, dass er für seine Tochter Seijo einen anderen Ehemann ausgesucht hatte. Den beiden Verliebten zerbrach das Herz. Ochu verließ die Stadt in einem kleinen Boot. Er war schon ein Stück weit hinausgerudert, als er am Ufer eine Gestalt laufen sah, die ihm zuwinkte. Zu seiner großen Freude war es Seijo, die ihm gefolgt war. Sie beschlossen in ein fernes Land zu reisen und dort zusammen zu leben. Einige Jahre später, als Seijo schon Mutter von zwei Kindern war, wurde ihr zum ersten Mal die Tiefe der Elternliebe bewusst. Ihr Gewissen begann sie zu quälen wegen der Art, wie sie ihren geliebten Vater behandelt hatte. Auch ihr Mann bedauerte, was sie Chokan angetan hatten, und schlug vor, nach Hause zurückzukehren und um Vergebung zu bitten.

Als sie wieder in der Provinz Ko ankamen, blieb Seijo im Boot, während Ochu zu Chokan ging, um Verzeihung bat und alles erzählte, was sich inzwischen zugetragen hatte. Ungläubigen Herzens hörte der alte Mann zu. Schließlich fragte er Ochu, wovon eigentlich die Rede sei. Der junge Ehemann antwortete: »Von deiner Tochter Seijo.«

»Aber sie hat niemals das Haus verlassen!«, rief dieser aus. »Kurz nachdem du weggegangen warst, wurde sie krank und ist noch immer ans Bett gebunden. Nicht ein einziges Wort hat sie nach deiner Abreise gesprochen.«

> »Das muss ein Irrtum sein«, entgegnete Ochu, »Seijo folgte mir und wir gingen gemeinsam in ein fernes Land. Wir heirateten und haben zwei Kinder. Sie ist bei bester Gesundheit, möchte dich wiedersehen und um Vergebung bitten, weil wir abgereist sind und ohne deine Erlaubnis geheiratet haben. Wenn du mir nicht glaubst, komm zum Boot und schaue selbst.« Der alte Mann zögerte, deshalb ging Ochu allein, um Seijo zurück in ihr Vaterhaus zu bringen. In der Zwischenzeit ging Chokan ins Schlafzimmer, der kranken Seijo zu erzählen, was sich zugetragen hatte. Ohne ein Wort zu sagen, erhob sich die Kranke aus ihrem Bett und lief nach draußen, der ankommenden Seijo entgegen und – beide wurden eins. Chokan sagte zu seiner Tochter: »Seitdem Ochu weggegangen ist, warst du stumm und leblos, als ob dich deine Seele verlassen hätte.« Und Seijo sagte: »Ich wusste nicht, dass ich daheim krank zu Bett lag. Als ich hörte, dass Ochu wegwollte, bin ich wie im Traum seinem Boot gefolgt.«

Diese Legende von Seijo hat nicht den Anspruch, das Leben des Mädchens historisch wiederzugeben, sie beschreibt eine Struktur unseres menschlichen Daseins. Es ist der zerrissene Geisteszustand, nie da zu sein, wo man ist. Wir alle haben Eltern und mussten den Schritt ins Erwachsensein, den Schritt in die Eigenständigkeit gehen, der mit der Ablösung von den Eltern unweigerlich verbunden ist.

Dieses Sich-von-den-Eltern-Lösen und eigenständig werden, ist kein leichter Schritt.

Ich kenne einen jungen Mann, der nach dem Abitur nicht

wusste, was er machen sollte. Sein Vater riet ihm zu einer Banklehre. Er war nicht glücklich damit und als er fertig war, warf er alles über den Haufen und studierte Design. Sein Vater war natürlich nicht mit dieser brotlosen Kunst einverstanden und der junge Mann war Jahre damit beschäftigt, seinem Vater zu beweisen, dass er es zu etwas bringen kann. Er liebte sein Studium und später seine Aufgabe, doch sie wurden überschattet von dem Wunsch und Druck, seinem Vater zu beweisen, wie er es mit dieser Kunst zu etwas bringen kann. Er wollte von ihm anerkannt sein, ein rechtmäßiger, guter Sohn sein.

Wie Seijo war er zerrissen, die eine Seele wollte sich selbst verwirklichen, die andere wollte vom Vater geliebt und anerkannt sein.

»Zwei Seelen streiten, ach, in meiner Brust«, sagt Faust.

Dieser Situation sind wir wohl alle in irgendeiner Weise in unserem Leben ausgesetzt.

Wie kommen wir aus dieser Zerrissenheit heraus? In der Legende heißt es:

»Als ich hörte, dass Ochu wegwollte, bin ich wie im Traum seinem Boot gefolgt.«

Das entscheidende Wort ist hier, wie in einem Traum.

Wir leben die meiste Zeit in einem Traum. Malen uns ein Leben aus, wie es sein könnte, was wir alles versäumt haben, was wir alles tun könnten, und merken sehr schnell, dass uns die Wirklichkeit etwas ganz anderes beschert. Schon die Sprache drückt aus, wie weit wir von der Wirklichkeit entfernt sind. Der Konjunktiv, die Möglichkeitsform, ist eine Ausdrucksweise, die zeigt, wie wenig wir uns mit dem Hier und Jetzt verbinden. Immer ist es ein Wäre, ein Hätte, Könnte, Würde. Tritt uns die Wirklichkeit dann entgegen, fallen wir aus einem wunderschönen Traum in ein tiefes Loch der Enttäuschung. Wie in einem Traum leben wir die meiste Zeit unseres Lebens.

Von Rabindranath Tagore[31] gibt es einen Spruch, da heißt es:

Ich schlief und sah, mein Leben war Aufgabe
Ich träumte, mein Leben sei Freude
Ich erwachte und sah, meine Aufgabe war Freude

Es liegt am Erwachen, um das Leben, so wie es ist, nicht als zerrissen zu erleben, sondern als Freude zu erfahren. Erwachen, wie und wohin?

Dogen Zenji beschreibt dieses Erwachen nicht als einen Schlag von oben, sondern als Übung.

Die Übung ist Erwachen, Übung ist Erleuchtung. Unser bewusstes Tun ist bereits Erleuchtung.

Schon unser Sitzen ist Erleuchtung, unser Gehen ist Erleuchtung. Wenn wir es nicht als das erkennen, so liegt das nicht daran, dass unsere Übung nicht gut genug ist, nein, es liegt an unseren Gedanken, die sich wie eine Wolkendecke vor den Himmel schiebt und uns den klaren Himmel nicht erkennen lässt.

Der Himmel jedoch ist immer da.

Erleuchtung ist immer da, in all unserem Tun und Sein, nur: Solange wir uns mit dem Gedanken identifizieren, das kann es noch nicht sein, da muss es etwas anderes geben, erleben wir dieses Erwachen nicht.

Unsere Gedanken teilen die Wirklichkeit auf in zwei Seelen, die eine will, die andere nicht, wir sind zerrissen in die Zweiheit und erfahren die Einheit nicht.

So wie Seijo, die, solange sie bei ihrem Vater ist, sich immer nach Ochu sehnt und dabei krank wird, und ist sie bei Ochu, sehnt sie sich nach dem Vater und vergeht vor Heimweh. An keinem Ort ist sie wirklich zu Hause.

Das Gefühl von Getrenntsein kann nur entstehen, wenn wir mit unserem Denken in eine Zeit vorher oder nachher einsteigen, dann entstehen Vergleiche von besser und schlechter.

Eins sein jedoch heißt, keine Bezüge nach vorne oder hinten aufzubauen, keine Vergleiche herzustellen, das Leben als Jetzt zu erkennen. Stelle ich keine Vergleiche auf, dann ist groß groß und steht nicht im Gegensatz zu klein. Hoch ist dann hoch und nicht im Gegensatz zu niedrig. Die zwei Seelen lösen sich auf. Es gibt eine Seijo, einmal ist sie hier, einmal dort, aber jedes Mal im Hier und Jetzt. Nirgends ist eine Trennung.

Der Markt ist jetzt. Wir brauchen ihn nicht krampfhaft suchen, er kommt zu uns. Wach sein, fällt uns vor die Füße, sich nur danach zu bücken heißt, auf den Markt zu gehen. Das braucht nichts Besonderes sein, wie die Geschichte von Jôshû[32] erzählt. In ihr fragt ein Mönch den großen Meister Jôshû: »Ihr seid doch erleuchtet, oder?«

Jôshû meinte darauf nur: »Die Provinz Chin bringt riesige Rettiche hervor.«

Das klingt verrückt, zeigt aber sehr deutlich, auch beim Ernten von Rettichen erschließt sich der Sinn des Lebens. In dem Moment war dieses Ernten Jôshûs Markt.

Unser Hirte betritt in dem Gedicht den Markt des Hier und Jetzt nicht nur, sondern er betritt ihn mit entblößter Brust und nackten Füßen.

DAS GESICHT IST MIT ERDE BESCHMIERT UND DER KOPF MIT ASCHE ÜBER UND ÜBER BESTREUT

Der Hirte ist den Weg gegangen, nicht im Kopf, nicht in Vorstellungen. Sein ganzer Körper zeugt davon, dass er den Weg durchlebt hat. Um den Panzer wirklich loslassen zu können, empfindsam zu sein, verletzbar zu sein, zu lieben bedarf es harter Arbeit. Sieht man einen Bergmann, der gerade aus dem Bergwerk kommt, weiß man, welch harte Arbeit er hinter sich hat. Er ist mit Kohle beschmiert. Er ist von der Arbeit gezeichnet.

Wie unser Hirte. Auf dem Zen-Weg arbeiten wir am Abbau der Ich-Illusion. Wir müssen uns von unserem Ego, mit dem wir uns stabilisiert haben, verabschieden. Es ist wirklich harte Arbeit. Praktizieren wir Zazen, merken wir bald, dass dies nicht so einfach ist. Obwohl es so scheint, als würde man nur herumsitzen, ist es harte Arbeit, nicht immer in Illusionen abzuschweifen, seinen Träumen sich nicht hinzugeben, seinem Ego, das ständig etwas anderes möchte, als es ist, nicht auf den Leim zu gehen.

Dieses Ego taucht immer in einem neuen Gewand auf, sodass wir leicht auf es hereinfallen. Denn es taucht auch nicht mit den Worten auf: »Hallo, hier ist das Ego, ich will dich wegziehen, ich will dich in einen Traum reißen.« Unser Ego verkleidet sich so geschickt, dass man es nicht gleich entlarvt. Es lockt mit den süßesten Worten, wie die Loreley.[33]

Aber eine Sache hat es an sich, an der man es immer erkennen kann, auch wenn es in Glitzerkleidern auftritt und sich hinter einer tollen Idee versteckt. Es bringt immer eine unzufriedene Stimmung. An ihr kann man das Ego sofort erkennen. Das Ego redet alles schlecht, es ist immer unzufrieden. In dem Moment, wo wir Unzufriedenheit atmen, weiß man sofort: Sei wach!

Die harte Arbeit zeigt sich oft darin, dass man eine Zeit lang hinter diesen Glitzerkleidern herläuft und sich in dem Dschungel der Emotionen und Vorstellungen verirrt. Sich aus diesen wieder herauszuarbeiten, hinterlässt seine Spuren und wir sind mit Erde beschmiert.

In dem Tempel Ryoji gibt es etwas abseits einen Brunnen. Ein früherer Abt und Zen-Meister hat auf seinen Rand die Worte einmeißeln lassen: »Ich übe mich, zufrieden zu sein.« Er hat nicht geschrieben, mein Ziel ist Zufriedenheit, sondern: »Ich übe mich.«

Unsere Übung ist daher, eine Lebenshaltung zu entwickeln, immer ganz wach zu sein, um sich von dem unzufriedenen Ego nicht wegreißen zu lassen.

Es gibt eine Tradition, beim Tod eines lieben Menschen als Zeichen der Trauer Asche auf sein Haupt zu streuen. Es ist das Zeichen, den Tod auf sich zu nehmen und durch den Tod hindurchzugehen, das Ich aufzugeben und sich sogar in das Bodenlose fallen zu lassen. Es gibt neben dem physischen Tod viele Ich-Tode. Jede Auflösung einer Ich-Identifikation ist im Grunde genommen ein Sterbeprozess. Daher sterben wir viele Tode auf dem Kissen, wo wir uns darin üben, alle Identifikationen loszulassen, sei es mit unseren Vorstellungen, unseren Prägungen, all dem, womit wir uns durch das Leben hangeln und von dem wir glauben, dass sie uns das Leben überhaupt erst bestehen lassen. Unser Ich hält sich an ihm fest, wird es als Chimäre erkannt, stirbt es und jedes Sterben ist ein Abschiednehmen von Vertrautem.

Der Hirte kommt in dem Gedicht auf den Markt. Er hat viele Ich-Tode durchlebt, hat sein Ich aufgegeben.

Im Zen wird diese Haltung auch gern mit dem Bild verglichen: Frei wie ein Vogel in die Luft fliegen und nicht wissen, ob die Luft mich trägt.

Oder in den Brunnen fallen, ohne zu wissen, ob ich unten aufkomme. Jeder Sprung ist ungeheuerlich schwer, wir wollen immer wissen, dass wir getragen sind, dass uns nichts passieren kann. Und doch, wenn wir genau hinschauen, wissen wir es nie.

Als ich in Japan war, bebte am Morgen die Erde. Für mich war es ein gänzlich neues Erlebnis, nicht mehr darauf vertrauen zu können, dass der Boden standhält, dass alles wackelt, dass man nicht mehr die Möglichkeit hat, ruhig stehen zu bleiben. Unser ganzes Leben ist gehalten von dem Vertrauen, dass wir gehalten sind. Ob es wirklich der Fall ist, wissen wir nicht, wir müssen immer fliegen.

Auch wenn nichts mehr trägt, heißt es im Zen, vertraue dennoch, egal, ob der Boden dich trägt, vertraue auf den Sprung, vertraue dem Augenblick. Das ist unsere Übung: unsere Konzepte immer und immer wieder fallen lassen.

SEINE WANGEN ÜBERSTRÖMT VON MÄCHTIGEM LACHEN …

In einem Sesshin[34] merkt man kaum, dass Zen Sinn für Humor hat. In ihm hat meistens unser Ego mit seinem Tod zu kämpfen. Erleben wir jedoch, dass wir die Konzepte, an denen wir uns festkrallen, loslassen, wir uns frei in alle Richtungen hin bewegen können, dann durchströmt uns eine unglaubliche Befreiung, wir sind frei. Das Lachen bricht aus uns heraus.

Gehe ich durch den Prozess hindurch, mich anzuschauen mit all meinen Schwächen, mich auszuhalten, und auch wenn dies sehr schmerzhaft war und ich viel weinte, in dem Moment, in dem Annahme geschieht, bricht das Lachen aus mir heraus. Alle Anspannungen fallen ab, alles Müssen ist vorbei. Ich bin frei.

Wir erlangen durch unsere Übung eine natürliche Fröhlichkeit, wir brauchen keine Rolle mehr spielen, keinen Panzer umbinden, wir können empfindsam sein. Frei wie der Vogel hoch im wolkenlosen Himmel fliegen.

OHNE GEHEIMNISSE UND WUNDER ZU MÜHEN, LÄSST ER DIE DÜRREN BÄUME ERBLÜHEN

Wir brauchen keine Wunder, wir brauchen keine Geheimnisse, das ist das Großartige im Zen. Wir brauchen keine hellsichtigen Vorgaben, auch keine heilenden Hände, denn das Übernatürliche ist im Zen das Natürliche.

Das Natürliche ist, sich an Konzepte zu klammern, aber aus den Konzepten herauszutreten ist übernatürlich, und dann geschehen Wunder wie von selbst, dürre Bäume blühen auf. Alles wird lebendig.

Da-Sein ist ein Wunder, die dürren Bäume blühen auf. Wir brauchen keine Hilfsmittel, keine übernatürlichen Kräfte, die übernatürliche Kraft ist die natürliche Kraft. Jeder von uns besitzt sie, sie ist einzig und allein im Augenblick verborgen. Wird das Glitzergewand des Ego heruntergerissen, erstrahlt der wahre Körper.

Ich schaue und bin ganz das Schauen. Objekt und Subjekt fallen zusammen. Das ist das Wunder. Alles bin ich selbst, nichts trennt mich vom anderen.

Es verlangt Mut, den Zen-Weg der Hingabe zu gehen, er verlangt verletzbar zu sein, empfindsam zu sein, den Tod zu durchleben und sich nicht zu scheuen, sich abzumühen. Dies alles sind bereits die Wunder des Lebens. Das Wunder des Lächelns, das Rot der Blumen, das Prasseln des Regens. Das Leben wird zum Wunder, durchdrungen von tiefer Liebe.

DIE ZEHN OCHSENBILDER VON KUOAN SHYUAN

1. Bild
Verlassen in endloser Wildnis schreitet der Hirte
dahin durch wucherndes Gras und sucht seinen Ochsen.
Weit fließt der Fluss, fern ragen die Gebirge,
und immer tiefer ins Verwachsene läuft der Pfad.
Der Leib zu Tode erschöpft und verzweifelt das Herz.
Doch findet der suchende Hirt keine geleitende Richtung.
Im Dämmer des Abends hört er nur Zikaden auf dem Ahorn singen.

2. Bild

Unter den Bäumen am Wassergestade
sind hier und dort die Spuren des Ochsen dicht hinterlassen.
Hat der Hirte den Weg gefunden
inmitten des dicht wuchernden, duftenden Grases?
Wie weit auch der Ochse laufen mag,
bis in den hintersten Ort des tiefen Gebirges,
reicht doch seine Nase in den Himmel.

3. Bild

Auf einmal erklingt des Buschsängers helle Stimme oben im Wipfel.
Die Sonne strahlt warm, mild weht der Wind,
am Ufer grünen die Weiden.
Es ist kein Ort mehr, dahinein der Ochse sich entziehen könnte.
So schön das herrliche Haupt mit den ragenden Hörnern,
dass es kein Maler erreichte.

4. Bild
Nach höchsten Mühen hat der Hirte den Ochsen gefangen.
Zu heftig noch dessen Sinn, die Kraft noch zu wütend,
um leicht seine Wildheit zu bannen.
Bald zieht der Ochse dahin, steigt fern auf die hohen Ebenen,
bald läuft er weit in tiefe Stätten der Nebel und Wolken
und will sich verbergen.

5. Bild

Von Peitsche und Zügel darf der Hirte seine Hand
keinen Augenblick lassen,
sonst stieße der Ochse mit rasenden Schritten vor in den Staub.
Ist aber der Ochs geduldig gezähmt und zur Sanftmut gebracht,
folgt er dem Hirten von selbst ohne Fessel und Kette.

6. Bild

Der Hirte kehrt heim auf dem Rücken des Ochsen,
gelassen und müßig.
In den fernhin ziehenden Abendnebel
klingt weit der Gesang seiner Flöte.
Takt auf Takt und Vers auf Vers
tönt die grenzenlose Stimmung des Hirten.
Hört einer auf den Gesang, braucht er nicht noch zu sagen,
wie es dem Hirten zumute.

7. Bild
Schon ist der Hirte heimgekehrt auf dem Rücken des Ochsen.
Es gibt keinen Ochsen mehr.
Allein sitzt der Hirte, müßig und still.
Ruhig schlummert er noch,
da doch die rot brennende Sonne schon hoch am Himmel steht.
Nutzlose Peitsche und Zügel,
weggeworfen unter das stroherne Dach.

8. Bild
Peitsche und Zügel, Ochse und Hirt
sind spurlos zu Nichts geworden.
In den weiten und blauen Himmel reicht niemals ein Wort,
ihn zu ermessen.
Wie könnte der Schnee auf der rötlichen Flamme des brennenden
Herdes verweilen?
Erst wenn ein Mensch in diesen Ort gelangt ist,
kann er den alten Meistern entsprechen.

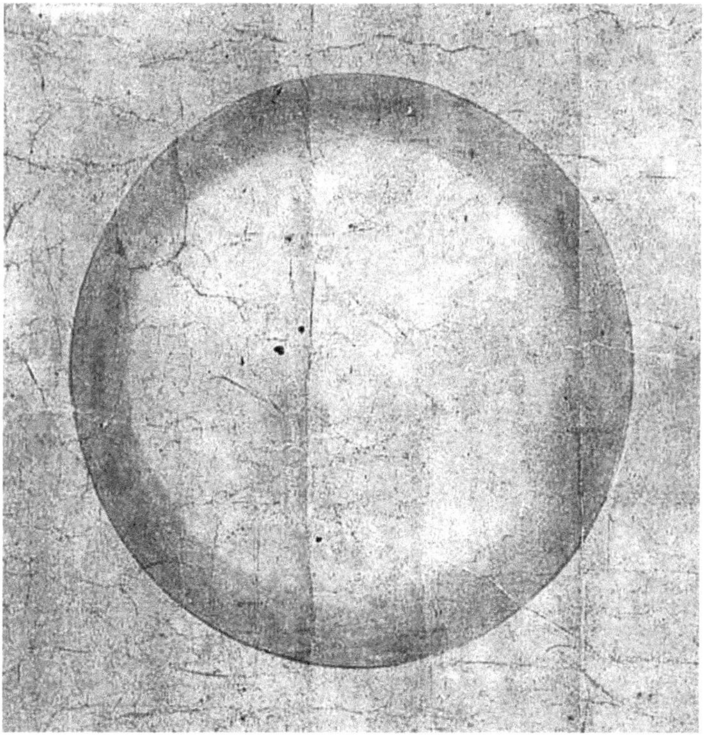

9. Bild

In den Grund und Ursprung zurückgekehrt,
hat der Hirte schon alles vollbracht.
Nichts ist besser, als jäh auf der Stelle wie blind zu sein und taub.
In seiner Hütte sitzt er und sieht keine Dinge da draußen.
Grenzenlos fließt der Fluss, wie er fließt.
Rot blüht die Blume, wie sie blüht.

10. Bild
Mit entblößter Brust und nackten Füßen
kommt er herein auf den Markt.
Das Gesicht mit Erde beschmiert,
der Kopf mit Asche über und über bestreut.
Seine Wangen überströmt von mächtigem Lachen.
Ohne Geheimnisse und Wunder zu mühen,
lässt er jäh die dürren Bäume erblühen.

ANMERKUNGEN UND LITERATUR

1 Walter Mischel: »Der Marshmallow-Test: Willensstärke, Belohnungsaufschub und die Entwicklung der Persönlichkeit« Siedler, München 2015

2 Geistesgifte oder Wurzeln des Unheilsamen ist ein wichtiger Begriff der buddhistischen Ethik und umfasst die schädlichen Eigenschaften Gier, Hass, Neid, Stolz, Trägheit und Rastlosigkeit.

3 Mullah Nasrudin, legendäre Figur aus dem Sufismus

4 Bankei (1622–1693), jap. Zen-Meister der Rinzai-Schule

5 Mumonkan, chin.: Wu-men-Kuan: »Die torlose Schranke«, wichtige Koan-Sammlung der Zen-Literatur

6 Paulus von Tarsus war nach dem Neuen Testament ein erfolgreicher Missionar des Urchristentums und einer der ersten Theologen in der christlichen Geschichte.

7 Nansen, chin.: Nan-ch'uan (748–835), einer der größten Zen-Meister seiner Zeit

8 Konfuzius, *K'ung-fu-tzu* (551–479), chinesischer Philosoph der östlichen Zhou-Dynastie

9 Tozan, chin.: Tung-Shan (807–869), chin. Zen-Meister

10 Dogen Zenji (1200–1253), Begründer der Sōtō-Schule des japanischen Zen-Buddhismus

11 Nacherzählt aus: »Das verborgene Licht. 100 Geschichten erwachter Frauen aus 2500 Jahren, betrachtet von (Zen-)Frauen heute«, Berlin 2016 von Florence Caplow u. a.

12 Lin-chi, jap. Rinzai, 9. Jhd., großer chin. Zen-Meister

13 Sawaki Kōdō, jap. Zen-Meister (1880–1965)

14 Hakuin Ekaku (1686–1789), jap. Zen-Meister und Erneuerer der Rinzai-Schule

15 Aus dem Bendowa, 1. Kap. im Shobogenzo

16 Till Eulenspiegel zeichnet sich dadurch aus, dass er alles, was seine Mitmenschen zu ihm sagen, wörtlich nimmt. Ihm gelingt es dadurch, die Op-

fer seiner Streiche bloßzustellen und gleichzeitig die zu seiner Zeit herrschenden Probleme aufzudecken.

17 Das Shinjinmei ist eine Gedichtsammlung über den Glauben an den Geist. In ihm behandelt Sosan die tiefe Natur des Geistes und übermittelt die Essenz des Zen: Weder Wahl noch Ablehnung; weder Dualität noch Unterscheidung; die Einheit verwirklichen ist der Weg.

18 Das ca. im 1. Jh. n. Chr. verfasste Diamant-Sutra zählt zu den wichtigsten Texten des Mahayana-Buddhismus.

19 Suzuki Shunryū (»Zen-Geist-Anfänger-Geist«) war Japaner, Sohn eines Sōtō-Zen-Meisters und selbst ein Meister der Sōtō-Linie: S. Suzuki machte Zen in den USA populär.

20 Lin-chi, jap. Rinzai, 9. Jhd., großer chin. Zen-Meister

21 Das Herz-Sutra oder Sutra der höchsten Weisheit gehört zu den bekanntesten buddhistischen Mahayana-Sutras und gilt als Essenz ihrer Lehre.

22 Dornauszieher ist eine antike Statue, bei der es sich um einen nackten Knaben handelt, der sich einen Dorn aus dem linken Fuß zieht.

23 Yin und Yang sind zwei Begriffe der chinesischen Philosophie, insbesondere des Daoismus. Sie stehen für polar einander entgegengesetzte und dennoch aufeinander bezogene Kräfte oder Prinzipien.

24 Nacherzählt aus: »Todesgedichte japanischer Zenmeister«, Herder Spektrum, Freiburg 2013

25 »Das Sutra des Sechsten Patriarchen«, Frankfurt 1989. Der chin. Meister in seinem Buch »Mumonkan« Hui Neng, 1989

26 Bodhidharma (ca. 440–528) war ein indisch-tamilischer Mönch, der nach China reiste. Er gilt als der erste Patriarch der Zen-Linien.

27 Auf der Pferderennbahn, Originalvortrag von Paul Morgan und Wilhelm Bendow, Berlin 1926

28 Aus »Das verborgene Licht«

29 Ryōkan war ein Zen-Buddhistischer Mönch der japanischen Sōtō-Schule. Die meiste Zeit seines Lebens lebte er als Eremit. Er wurde berühmt auf den Gebieten der Dichtung und der Kalligrafie.

30 Mumonkan, chin.: Wu-men-Kuan: »Die torlose Schranke«, wichtige Koan-Sammlung der Zen-Literatur

31 Rabindranath Tagore (1861–1941), indischer Dichter und Philosoph, Nobelpreisträger für Literatur 1913

32 Sinngemäß nacherzählt aus: »Hekiganroku. Die Niederschrift vom blauen Fels« Band 1, Nummer 3, München 2002

33 Loreley ist nach einer alten Sage eine Zauberin oder Nixe, die mit ihrer Schönheit und ihrem Gesang jeden Schiffer, der auf dem Rhein an ihr vorbeifährt, anzieht und ihn damit in den Tod zieht.

34 Sesshin, jap., bedeutet: Den Herzgeist erwecken. Es ist ein Meditationsretreat.